Adl-Amini
So bestehe ich meine Prüfung

Bijan Adl-Amini

So bestehe ich meine Prüfung

Lerntechniken, Arbeitsorganisation und Prüfungsvorbereitung

Beltz Verlag · Weinheim und Basel

Bijan Adl-Amini, Dr. phil., Jahrgang 1943, ist Wiss. Mitarbeiter
am Institut für Pädagogik der Universität Kiel.

CIP-Kurztitelaufnahme der Deutschen Bibliothek

Adl-Amini, Bijan:
So bestehe ich meine Prüfung : Lerntechniken, Arbeits-
organisation u. Prüfungsvorbereitung / Bijan Adl-Amini. –
3., unveränd. Aufl. – Weinheim ; Basel : Beltz, 1990.
(Lern- und Studienhilfen von Beltz)
ISBN 3-407-83098-X
NE: GT

Lektorat: Peter E. Kalb

3., unveränderte Auflage 1990

Satz: Schreibbüro Schneider, Heidelberg
Karikaturen im Innenteil: Klaus Zweydinger, München
Umschlaggestaltung: Schröder Grafik, 6737 Böhl
Druck und buchbinderische Verarbeitung: Druckhaus Beltz
6944 Hemsbach
Printed in Germany

ISBN 3 407 83098 X

Jochen Kaltschmid zum 50. Geburtstag
am 17. April 1983
in Freundschaft und Verbundenheit

Inhaltsverzeichnis

WEM WILL DIESES BUCH HELFEN?

Dieses Buch ist ein Ratgeber. Es möchte Sie durch Ihr Studium hindurch bis zu den Prüfungen begleiten. Sie finden darin Hinweise zur Methodik des wissenschaftlichen Arbeitens, Anregungen zu Lerntechniken, Tips zur Prüfungsvorbereitung und Selbstdarstellung.

Zwei Dinge, um das vorweg zu sagen, beansprucht das Buch nicht. Es ist weder ein Rezeptbuch noch ein streng wissenschaftliches Werk. In einem wissenschaftlichen Buch geht es um Erkenntnis. Zu diesem Zweck werden Fragestellungen entwickelt, Ideen und Hypothesen formuliert, Material gesichtet, ausgewertet, interpretiert usw. In einem Rezeptbuch werden Handlungsanweisungen von der Sorte: „man nehme..." erteilt.

Dieses Buch kann und will weder das eine noch das andere. Wenn man wissenschaftlich arbeitet, ist man kreativ. Da verbietet sich ein bevormundendes Rezeptbuch. Andererseits glaube ich nicht, daß jede Studentin oder jeder Student völlig individuell arbeitet. Es gibt Konvergenzen und Divergenzen, so daß man durchaus bestimmte Arbeitstypen und Tagesrhythmen unterscheiden kann. Insofern können die Hinweise und Ratschläge zur Gestaltung der wissenschaftlichen Arbeitsweise und zur Examensvorbereitung wahrscheinlich nur in jeweils persönlicher Modifikation übernommen werden. Es sind Tips und vielleicht brauchbare Vorschläge, aber weder wissenschaftlich fundierte Aussagen noch irgendwelche Allgemeinrezepte. Die Vorschläge beruhen hauptsächlich auf meinen eigenen Erfahrungen, auf Beobachtungen, Gesprächen mit Kollegen und Studierenden, aber auch auf Intuition und Gefühl.

Die Frage nach dem fachspezifischen Charakter dieses Buches läßt sich folgendermaßen beantworten: Für Studierende der Sozial- und Human- bzw. Geisteswissenschaften wird das Buch, hoffe ich, eine nützliche Hilfe sein. Inwieweit auch Naturwissenschaftler damit etwas anfangen können, weiß ich nicht. Ich bin kein Naturwissenschaftler, könnte mir aber vorstellen, daß beispielsweise die Hinweise im Kapitel D (insbes. Abschnitt III), also die Ausführungen über den Faktor Zeit, über die Selbstdisziplin usw., recht vielen Studenten aus verschiedenen Disziplinen helfen können. Das gleiche gilt auch von Teilabschnitten der Kapitel E und F über die Verbesserung der sprachlichen Fähigkeiten und über die Kleinigkeiten, die man aus psychologischen Gründen im eigenen Interesse beachten sollte.

Schon das Überfliegen des Inhaltsverzeichnisses macht deutlich, daß dieses Buch nicht fachspezifisch angelegt ist. Da ich Pädagogik, Germanistik, Philosophie und Soziologie studiert habe, ist es verständlich, daß Fachhinweise auch hauptsächlich diesen Wissenschaften entnommen worden sind. Wäre dieses Buch nur an einem bestimmten Fach orientiert, so wäre daraus allenfalls eine Einführung in dieses Fach geworden. Das aber war nicht die Absicht. Die meisten Hinweise beziehen sich auf die wissenschaftliche Arbeitsweise, auf Techniken der Bewältigung von Stoffmassen, auf Ordnung der ins Uferlose wachsenden Fotokopien, Notizen und Exzerpte, aber auch auf die Möglichkeiten der Kultivierung eines Arbeitsrhythmus, auf die Einhaltung der Selbstdisziplin, auf die Sensibilisierung für das Sprachliche. All das sind, wie man sieht, allgemeine bzw. formale Ratschläge zur wissenschaftlichen Arbeitsweise, die zunächst nicht die Inhalte eines bestimmten Faches tangieren oder gar systematisch angehen.

Eine wichtige Voraussetzung, die das Buch macht, ist die, daß die Examensvorbereitung mit der Gestaltung des Studiums eng zusammenhängt, d.h. mit der fachlichen Schwerpunktbildung, mit der Auswahl der Spezialgebiete und Themen, aber auch und natürlich mit der Wahl der Hochschullehrer, bei denen man studiert und von denen man sich prüfen lassen möchte. Examen und Studium hängen zusammen wie Ziel und Weg. Sie bedingen sich gegenseitig. Dieser Interdependenz versucht das vorliegende Buch dadurch gerecht zu werden, daß es in seinem Aufbau eine Kreisbewegung beschreibt. Examensreif wird man im Durchgang durch ein sinnvoll angelegtes Studium. Daher beginnt eine sinnvolle Examensvorbereitung methodisch mit dem Beginn des Studiums oder spätestens in der Mitte, aber nicht erst einige Monate vor dem Examenstermin. Wenn jemand acht Semester gebummelt hat, kann er sich nicht in drei Monaten sinnvoll auf die Examina vorbereiten. Riskiert er es dennoch, dann sollte er wissen, was er auf sich nimmt: Isolation, psychischen und physischen Streß, Mißerfolgsangst, Herabsetzung des Selbstvertrauens und Selbstwertgefühls ...

Interviews mit Examenskandidaten lassen immerhin erkennen, daß in vielen Fällen eine solide Vorbereitung Sicherheit und Selbstvertrauen gibt, das Gefühl der mentalen Bereicherung vermittelt und die Ich-Stärke positiv beeinflußt. Die Interviews in diesem Buch (Kapitel A) sollen den menschlichen Aspekt der Prüfung bewußtmachen. Allzu oft wird im allgemeinen Sachwissen und bloße Inhaltlichkeit für die Hauptsache gehalten. Ob Achim L., der seine erste Prüfung als Lehrer an der Hochschule abgenommen hat, später als Routinier seine menschliche Sicht versachlichen wird?

Das Buch beginnt mit der Klärung der Voraussetzungen für die Examina (Kapitel B). Es schließen sich methodische Hilfen für wissenschaftliches Arbeiten an (Kapitel C), also das Handwerkliche (Wie ordne ich meine Papiere, Kopien, Exzerpte? Wie kann ich die Literaturflut bewältigen und so viele Bücher lesen?). Daß dies keine Angelegenheit der drei Monate vor dem Examen ist, liegt auf der Hand und wird erst recht klar, wenn der Leser das Kapitel D aufschlägt. Wie plane ich die Zeit? Arbeite ich in Gruppen oder einzeln? Wann führe ich ein Vorprüfungsgespräch? usw. Das Kapitel E unterstreicht noch deutlicher, daß die Examensvorbereitung – insbesondere unter dem Aspekt der Verbesserung der eigenen sprachlichen und stilistischen Fähigkeiten – langfristig geplant werden muß. Ob das Sprachliche erlernt werden kann? Ob man lernen kann, seinen Ton auf die Situation einzustellen? Ob man, in der Kneipe sitzend, Stoff für eine kleine Stilübung gewinnen kann? Das Kapitel F handelt von dem Psychologischen. Es begleitet den Kandidaten die letzten fünf, sechs Tage vor der Prüfung und bis unmittelbar in den Prüfungsraum. Ja, es läßt ihn sogar dort nicht allein, sondern gibt ihm für die mündliche Prüfung einige Formulierungstips, die er in entsprechenden Situationen verwenden oder variieren kann. Auch das sind keine Rezepte, sondern sind gedacht als paradigmatische Hilfen. Was machen Sie z.B., wenn der Prüfer Sie gleich zu Beginn burschikos auffordert: „Na, dann schießen Sie man los!“? Geschickt angefangen, ist halb gewonnen. Macht sich denn da jeder Examenskandidat Gedanken über seinen ersten Satz? Was sagen Sie, wenn Sie das Gefühl haben, Sie kommen nicht zum Zuge, weil der Prüfer vom Hundertsten ins Tausendste kommt? Ich denke, einige Formulierungshilfen können da schon helfen.

Am Schluß des Buches finden Sie noch Lesehinweise (G). Diese Literatur ist eine Auswahl. Sie ist nach verschiedenen Gesichtspunkten systematisch geordnet. Obwohl solche Systematik selten trennscharf sein kann, scheint sie mir in jedem Fall nützlicher als eine rein alphabetisch geordnete Quellenangabe.

- Dieses Buch ist ein Begleiter und Ratgeber für Studium und Prüfung.
- Es handelt sich dabei weder um ein Rezeptbuch noch um eine wissenschaftliche Abhandlung.
- Das Buch bietet Ihnen neben allgemeinen Informationen und Einzelfallinterviews:

  Hilfen zur Erlernung von Lerntechniken,
  Hinweise zur Gestaltung der Arbeitsorganisation,
  Tips zur Verbesserung von Sprache und Stil sowie
  Ratschläge zur Selbstdarstellung und Prüfungsvorbereitung.

- Das Buch ist nicht an die Inhalte eines bestimmen Faches gebunden. Brauchen kann es im Prinzip jeder. Die Beispiele stammen überwiegend aus Sozial- und Geisteswissenschaften.

A. INTERVIEWS MIT BETROFFENEN

Die folgenden Interviews sind eine Auswahl. Sie sind als Einstieg und Einstimmung gedacht. Durchgeführt habe ich sie jeweils eine Woche vor und eine Woche nach den Examina meiner Interviewpartner. Das Interviewgespräch habe ich bewußt nicht auf Tonband aufgezeichnet, sondern durch detaillierte handschriftliche Notizen festgehalten. Diese habe ich unmittelbar nach dem Interview getippt, damit die Aussagen, wenn nicht wörtlich, so doch weitgehend wortgetreu wiedergegeben wurden. Dabei habe ich zwei Eingriffe vorgenommen: Zum einen habe ich meine Fragen weggelassen, so daß jedes Gespräch nun in der Form eines narrativen Interviews erscheint; zum anderen habe ich die Aussagen sprachlich bzw. stilistisch geglättet. Dieses Verfahren wiederholte sich beim zweiten Interview. Nach jedem Interview wurde der getippte Text dem Interviewpartner zur Rückmeldung und Korrektur verschickt. Sofern Rückmeldungen eingingen, wurden sie in den Text aufgenommen. Der vorliegende Interviewtext ist mithin authentisch.

Die Interviewleitfragen des ersten Gesprächs bezogen sich auf

- Motive für die Wahl von Spezialgebieten/Prüfungsthemen
- Prüfungsvorgespräche mit dem Prüfer
- Arbeitsplan und Tagesrhythmus
- Vorbereitungsmethode und Lernorganisation
- (Selbst)Gefühle und Selbsteinschätzung u.ä.m.

Bei dem zweiten Interview unterhielten wir uns über

- den Verlauf der letzten 5 bis 6 Tage vor der Prüfung
- den Verlauf des Prüfungstags
- die Rückbesinnung auf die eigene Prüfungsvorbereitung usw.

Bei Achim L., der seine Eindrücke und Gefühle über die erste Prüfung als Lehrer an der Hochschule äußert, entfiel natürlich das zweite Interview. Von ihm habe ich im wesentlichen wissen wollen

- welche Gefühle er von dieser seiner ersten Prüfung als Lehrer hatte,
- ob er als Prüfer Angst hatte und
- worauf er diese Angst zurückführe u.a.m.

Mich persönlich haben diese Interviews emotional ungemein angesprochen und insgesamt außerordentlich bereichert. Vereinzelten Äußerungen meiner Interviewpartner, die eher beiläufig fielen, konnte ich entnehmen, daß die Interviews für sie eine nützliche Gelegenheit gewesen sind, über ihre eigene Lernmethode und Arbeitsorganisation, das Studium und Examen systematisch nachzudenken (ein Interview dauerte 45 bis 120 Minuten).

1. *Meine erste Prüfung als Prüfer*

Achim L., geb. 1952
Interview am 11.3.1982

Ich habe vor ca. 8 Wochen zum ersten Mal in meiner akademischen Laufbahn selber geprüft. Es handelte sich bei dieser Prüfung um Realschulanwärter, die sich in der 2. Ausbildungsphase befanden. Ich hatte sie 1 1/2 Jahre in Pädagogik bzw. Allgemeiner Didaktik unterrichtet und kannte jeden recht gut. Meine Lehrveranstaltungen waren für sie Pflichtveranstaltungen im Rahmen der für das 2. Staatsexamen vorgeschriebenen Qualifikationsanforderungen. Insgesamt waren 26 Prüfungskandidaten in 2 Tagen zu prüfen, wobei die Prüfung mündlich war und 15 Minuten gedauert hat. In dieser Viertelstunde mußte jeder Kandidat in 2 Themen geprüft werden. Soviel zu den äußeren Bedingungen.

Wenn ich nun mein persönliches Gefühl als Prüfer beschreiben soll, so muß ich gestehen, daß ich am liebsten jedem Prüfungskandidaten eine 2 gegeben hätte. Das jedenfalls war mein erster Gedanke, den ich mit „Menschlichkeit" beschreiben kann. Es sind z.T. Leute, die älter sind als ich. Sie haben Familie, Kinder usw. Und nun sitzen sie wie ängstliche Schüler vor mir und sollen bei mir geprüft werden. Bald wurde aber das Gefühl der Menschlichkeit und Mitempfindung durch ein gewisses Rechtsgefühl relativiert. Es gibt doch Unterschiede in der Leistung der einzelnen Kandidaten. Und wenn ich an die Ausbildungszeit in meinen Lehrveranstaltungen zurückdenke, so erinnere ich mich natürlich, daß einige für ihr Engagement oder für ihre aktive Mitarbeit belohnt werden mußten. Es gab also durchaus auch Unterschiede im Grad des Interesses, der Zusammenarbeit, des Mitmachens. Es wäre ungerecht, alle gleich zu benoten.

Zum Stellenwert dieser Prüfung muß ich sagen, daß die Note einen gewissen Einfluß auf die Einstellung hat. Zwar geht die Note, die ich für mein Fach vergebe, im Verhältnis 1:15 in die Gesamtbewertung ein, aber immerhin könnte sie mit dazu beitragen, daß ein Mensch beruflich und damit wohl auch existenziell sichergestellt wird oder nicht. Zu dieser zunächst rein formalen Konsequenz der Note tritt noch eine andere, nämlich die inhaltliche Aussagekraft einer solchen Bewertung hinzu. Für mich ist es wichtig, weil belastend zu wissen, daß die Note als Ausdruck des Beherrschens gewisser pädagogisch-didaktischer Wissensinhalte über die Qualifikation eines Kandidaten bzw. über die Fähigkeiten eines Menschen, ein guter Lehrer zu werden, möglicherweise nur wenig aussagt. Geprüft habe ich intellektuelle Fähigkeiten. Diese sind möglicherweise unbedeutend für die Praxis, die den Lehrer erwartet. Logisches Denken, Nachvollzug von Theorien, präzise Argumentation hier und Sensibilität, Spontaneität, ja, vielleicht Herzlichkeit und Menschlichkeit dort. Überhaupt hatte ich während der Ausbildung schon oft mit dem Problem zu kämpfen, daß ich mich bemüht hatte, meinen Leuten pädagogische Argumentation beizubringen, während ich in der Prüfung nun abfragbares Wissen prüfen mußte. Das verträgt sich nicht immer. Ob jemand denken, argumentieren, problematisieren kann, läßt sich schwer in 15 Minuten feststellen, zudem halte ich es für einen Unfug, daß diese 15 Minuten auch durch die vorgeschriebenen 2 Themen, die der Kandidat beherrschen muß, halbiert werden. Keines der 2 Themen läßt sich vertiefend darstellen oder prüfen. Zum Warmreden ist die Zeit zu kurz.

Ich gestehe, daß ich Angst hatte. Nachdem die Prüfungen vorbei waren, habe ich zu den Leuten gesagt: „Ich weiß nicht, wer mehr Angst gehabt hat, Sie oder ich."

Ich hatte Angst davor, daß ich nicht die richtigen Fragen stellen kann, also Fragen, mit denen der Prüfungskandidat etwas anfangen kann. Ich hatte Angst davor, mit den Fragen, die ich stellte, meine eigenen Vorstellungen zum Thema in den Vordergrund zu rücken, wodurch ein Aneinandervorbeireden zustande gekommen wäre. Ich hatte Angst vor meiner eigenen Unzulänglichkeit, z.B. davor, den Kandidaten kaum zur Darstellung kommen zu lassen. Ich hatte Angst vor der Bewertung des Kandidaten, also davor, die Schwächen und Stärken des Kandidaten nicht zu erkennen. Und ich hatte Angst davor, selber vor dem Prüfungsvorsitzenden und dem Protokollanten (Beisitzer) bewertet zu werden, denn letztlich wurde durch jede Prüfung auch und zugleich meine eigene einundhalbjährige Leistung mitgeprüft und mitbewertet. Meine Prüfstrategie bestand mithin darin, herauszubekommen, wo der Kandidat etwas weiß. Daß ich Angst hatte, selber mitgeprüft zu werden, ist wenigstens teilweise durch ein Ereignis zu erklären. Laut Prüfungsordnung kann zusätzlich zu dem Vorsitzenden (in der Regel ein hauptamtlicher Studienleiter) und dem Beisitzer (in der Regel ein nebenamtlicher Studienleiter) noch ein Beamter aus dem Kultusministerium hinzukommen. Aber das kam wohl selten vor. Nun sollte ich an zwei Tagen prüfen, und just am 1. Prüfungstag kam tatsächlich auch ein Vertreter des Kultusministeriums hinzu. Dieser Vorfall (oder Zufall?) hat bei mir ein beklemmendes Gefühl, ja, Angst ausgelöst. Trotzdem verlief die Prüfung gut. Ob ich in Zukunft wieder Angst haben würde? Wahrscheinlich weniger, da der Zufall mit dem Prüfungsaufsichtsbeamten, falls das noch einmal geschieht, mir nun nichts mehr gänzlich Neues ist. Teilweise wahrscheinlich genauso, vor allem, was die äußeren Bedingungen anbetrifft: 15 Minuten Zeit, 2 Themen, nicht die richtigen Fragen stellen können, eigene Vorstellungen in die Fragen hineinmanipulieren, den Kandidaten kaum zur Darstellung kommen lassen, ihn nicht gut bewerten können usw.

Ich glaube, daß ich bei den nächsten Prüfungen folgendes tun werde, um meine eigene Prüfungsangst als Prüfer zu vermindern. Zunächst würde ich die Vorgespräche wesentlich intensivieren. Prüfer und Examenskandidat sollten über den Verlauf der Prüfung eine klare Absprache treffen. Wenn jemand „Offenen Unterricht“ als Thema wählt, so muß ich mit ihm in Vorgesprächen abklären, ob er den pädagogisch-didaktischen Begründungszusammenhang für den offenen Unterricht logisch darstellen will oder ob er für die eigenen Erfahrungen mit dem offenen Unterricht Position bezieht. Sodann muß aber auch Inhalt und Struktur des Gegenstandes abgesprochen werden. Jedes Thema hat viele verschiedene Aspekte. Und die bloße Einreichung von Literaturlisten genügt oft nicht. Es muß klar sein, wo die Schwerpunkte der Vorbereitung liegen. Ich glaube, wenn das in Vorgesprächen abgeklärt ist, dann kann man während der Prüfung viel schneller ins Gespräch kommen und differenziert diskutieren, wodurch eine gerechtere Einschätzung des Kandidaten möglich wird. Außerdem kann man wohl nicht mehr aneinandervorbeireden. Eine Möglichkeit, die sich hierzu bietet, besteht meiner Ansicht nach darin, Thesenpapiere von Examenskandidaten anzufordern. Als Prüfer kann ich anhand solcher Thesen rasch sehen, wie das Prüfungsgespräch zu führen ist. Eine andere Möglichkeit besteht darin, den Kandidaten ein Kurzreferat halten zu lassen, bevor das Prüfungsgespräch beginnt. Dies ist allerdings nur dann geeignet, wenn die Prüfung mindestens 30 Minuten dauert. Ich hatte bei meiner 1. Prüfung von den Kandidaten „leitende Fragen“ angefordert. Was aber kam, waren 5 heterogene Fragen, die in sich keine Struktur hatten.

Um meine Angst abzubauen, hatte ich mir für jeden Prüfling ein Konzept gemacht, denn Improvisationen halte ich hier für unangebracht und verantwortungslos. Manchmal gelang es mir, das Prüfungsgespräch der Leitlinie meines Konzeptes entlang zu führen. Aber es gab auch Kandidaten, die mich und mein Konzept regelrecht überrannt haben. Es ergab sich dann ein anderes Gespräch. Dies waren in der Regel angenehme und gute Prüfungsgespräche. Wo ich mich indessen streng an mein Konzept halten mußte, ergab sich eher ein zerhacktes Prüfungsgespräch. Dabei kann es natürlich sein, daß es mir nicht gelungen ist, die richtigen Fragen zu stellen.

Abschließende Bemerkung: Es war für mich ein erschreckendes Erlebnis zu sehen, daß die Kandidaten, die ja zum Teil älter als ich waren, mit großer Angst mir gegenüber saßen: knallroter Kopf, Schweißausbrüche, rote Flecken im Gesicht, nervöses Herumspielen mit irgend etwas u.ä.

Für mich war dieses Erlebnis deshalb erschreckend, weil ich mit diesen Kandidaten während der einundhalb Jahre einen recht unkomplizierten, d.h. nicht gerade „lehrerhaften“ oder autoritären Umgang gepflegt hatte. Wir haben den Unterricht in eine Kooperation verwandelt. Und dennoch hat es die Prüfungssituation fertiggebracht, solche Angst bei ihnen wie bei mir zu erzeugen. Ich kann nur hoffen, daß ihre Angst mit Prüfungsritual, Note und beruflichem Werdegang zusammenhing, aber nicht mit meiner Person.

2. Prüfungskandidaten eine Woche vor und nach der Prüfung

Fall Nr. 1

Manfred W., geb. 1957, 7. Semester
Studienfächer: Anglistik und Geographie
Angestrebtes Studienziel: Staatsexamen
Mündliche Prüfungen:

- Paedagogicum am 14.4.1982 (30 Minuten)
- Soziologicum am 27.4.1982 (30 Minuten)
- Spezialgebiete in Päd.: a) Pestalozzi
  b) Antipädagogik
- Spezialgebiete in Soz.: a) Begriff „Klasse"
  b) Schulsoziologie
  c) Sozialstruktur der BRD

Erstes Interview am 6.4.1982

Die fünf Spezialgebiete habe ich nacheinander vorbereitet, also nicht parallel. Diese Gebiete sind eigentlich nicht in erster Linie aus den Lehrveranstaltungen hervorgegangen. Meine Freundin befaßt sich zum Beispiel mit der Antipädagogik; durch Gespräche mit ihr bin ich in dieses Thema hineingekommen.

Als Vorbereitungszeit habe ich für die beiden Prüfungen ca. 8 Wochen veranschlagt. Ein Problem ist, daß ich zwar wußte, diese beiden Prüfungen würden zwischen dem 14. und dem 27.4.82 liegen, aber nicht genau, wann ich bei der ersten und wann bei der zweiten drankomme. Theoretisch kann es also sein, daß man an zwei aufeinanderfolgenden Tagen drankommt, aber auch daß man nach der ersten Prüfung zwei Wochen noch Zeit hat. Deshalb konnte ich nicht sehr genau planen. Also mußte ich beide

Prüfungen für den frühesten Termin vorbereiten. Jetzt sind die Termine bekanntgegeben worden. Ich bin am ersten Tag mit der einen Prüfung und am letzten Tag mit der zweiten Prüfung dran.

Ich habe 4 1/2 Stunden täglich gearbeitet, relativ regelmäßig. Seit gestern arbeite ich 8 Stunden. Seit Weihnachten bin ich mit Referaten und Hausarbeiten so beschäftigt, daß ich mir erst vergangenes Wochenende nach vier Monaten das erste freie Wochenende gegönnt habe. Das hat mir so gut getan, daß ich entschlossen bin, 3 Tage vor der Prüfung einen Tag Pause zu machen.

Ich habe eigentlich allein gelernt. Allerdings gibt es eine Gruppe von 5 Studenten, die heterogene Themen haben. Bis auf ein Thema deckt sich da nichts. Trotzdem treffen wir uns einmal wöchentlich, wobei jeder mal ein Spezialgebiet darstellt; die anderen stellen Fragen oder kritisieren. Manchmal ergeben sich auch allgemeine Fragen, wie zum Beispiel: Was ist Erziehung? In dem Fall haben wir auch in einem pädagogischen Nachschlagewerk nachgeschaut. Ich hatte den Eindruck, daß es mir hilft, wenn ich eins meiner Spezialgebiete darstelle. Ich systematisiere meine Gedanken und präzisiere meine Ausdrucksweise. Auch die Fragen aus der Gruppe haben mir manchmal geholfen. Aber es ging eigentlich selten so weit, daß ich zu Hause die Quellen nochmals zur Hand nehmen mußte, um zu vertiefen oder nachzuschauen, weil ich bei der Darstellung sachlich-inhaltlicher Dinge keine großen Schwierigkeiten hatte. Ich würde wieder in der Gruppe arbeiten, allerdings nicht mit 5, sondern mit 2 bis 3 und möglichst mit gleichen Spezialgebieten.

Meine Kommunikation mit dem Prüfer in Pädagogik war so: Das erste Vorgespräch dauerte wenige Sekunden. Ich habe den Prüfer gefragt, was ich lesen soll und ob er mir eine Literaturliste geben kann. Er antwortete, ich soll am besten alles lesen. Da bin ich dann rausgegangen. Ich hab' gedacht, wenn er so blöde Antworten gibt, dann mache ich es so, wie ich es für richtig halte. Dann habe ich 4 Wochen gelesen und mich in die beiden Spezialgebiete Pestalozzi und Antipädagogik hineingefunden. Ca. 4 Wochen vor der Prüfung habe ich den Prüfer für ein zweites Vorgespräch aufgesucht. Dieses hat etwa eine Viertelstunde gedauert. Dabei hat der Prüfer eine Gewichtung der beiden Gebiete vorgenommen. Er wollte gern das Gewicht auf das Thema Pestalozzi legen, nicht so sehr auf die Antipädagogik. Ich sagte, daß ich beide Themen gleich gründlich vorbereitet hätte.

Bei der Vorbereitung des Themas Pestalozzi habe ich Abschnitte aus mindestens 4 Werken gelesen, also Texte und Biographisches. Sekundärliteratur habe ich erst später gelesen (2–3 Bücher). Bei der Stoffülle habe ich aber bald vieles wieder vergessen. Dieser erste Durchgang hat mir aber überhaupt einige Aspekte erschlossen, auf die ich mich konzentriert habe. Dabei habe ich sowohl im Text als auch auf Karteikarten Notizen gemacht. Zusammengehörige Textstellen z.B. zum Problemaspekt etwa „Lebenskreise", „Menschenbild", „Sozialpädagogischer Auftrag" habe ich auf Karteikarten rubriziert und festgehalten. Im zweiten Durchgang konzentrierte ich mich auf einige dieser Rubriken bzw. Aspekte und machte für mich dann Resümees und Thesen. Dem Prüfer gebe ich eine Literaturliste, mehr nicht. Ich weiß, daß er bei 40 Prüflingen sich nicht auf jedes Gebiet vorbereiten kann. Dies ist ein Grund, warum ich Prüfungen als „hirnrissig" betrachte. Ein Buch z.B., das ich gelesen hatte, kannte mein Prüfer nicht. Und er sagte mir freimütig, er werde es auch sehr wahrscheinlich nicht lesen können.

Am Anfang habe ich mich eher dialogisch vorbereitet, als ich mich noch um Eingrenzung des Themas bemüht habe. Als ich aber die Aspekte jedes Spezialgebietes festgelegt hatte, ging ich eigentlich nur noch monologisch vor. Denn wenn ich ständig denken muß, was der Prüfer wohl fragen würde, verunsichere ich mich selbst.

Ich bin ein schlechter Prüfling, immer gewesen, und habe zeitweise blackouts. Ich habe Angst vor jeder Prüfung, und diese Angst geht auch dann nicht weg, wenn ich im Grunde genau weiß, wovon ich zu reden habe, also in der Sache sattelfest bin. Vor jeder Prüfung bin ich ziemlich nervös.

Meine Zeitplanung konnte ich nicht sehr exakt einhalten, weil ich vor 3 Wochen eine gute Woche krank wurde und in der Zeit kaum arbeiten konnte. Einen solchen Fall hatte ich bei meiner Zeitplanung nicht einkalkuliert.

Abschließende Bemerkung: Für mich ist jede Prüfung ein Ritual. Für mich tötet jede Prüfung jedes Interesse an jedem Thema. Wenn Prüfungen sein müssen, dann fände ich es gut, daß eine Gruppenprüfung stattfindet, in der eine Diskussion zustandekommt mit dem gemeinsamen Ziel, daß ein Ergebnis herauskommen soll, nicht aber eine Zensur. Diese Bemerkung ist jedoch idealtypisch zu verstehen, d.h. ich bin mir hier der Realitätsferne bewußt.

Zweites Interview am 5.5.1982

Ich habe beide Prüfungen bestanden. In Pädagogik habe ich eine 2, in Soziologie eine 3 bekommen.

Die letzten 5 bis 6 Tage vor der Prüfung in Pädagogik habe ich nur noch rekapituliert. Entgegen meiner Absicht habe ich täglich ca. 3 Stunden (statt 8) gelernt, teils wegen der Anspannung und wegen der Angst, teilweise auch, weil ich mich ziemlich sattelfest fühlte. Es war ein gutes Gefühl festzustellen, daß auch in einem neuen Buch zum Thema, das ich nicht bei meiner Vorbereitung bearbeitet hatte, kaum etwas stand, was ich nicht wußte. Die Angst übrigens war nicht spezifisch, also etwa davor durchzufallen oder ähnliches, sondern es war eine unbestimmte Angst. In den letzten Tagen habe ich meine Gedanken zweimal vor einem Laien vorgetragen.

Am Prüfungstag bin ich gegen 10 Uhr aufgestanden (die Prüfung war für 12 Uhr angesetzt). Sonst stehe ich eigentlich immer gegen 7.30 Uhr auf. Ich bin einfach im Bett liegengeblieben, um die Zeit totzuschlagen. Dann habe ich mich fertiggemacht und bin 5 Minuten vor dem Prüfungstermin hingegangen. Als ich hereingerufen wurde, habe ich den Prüfungsvorsitzenden, den Prüfer und den Beisitzer mit Handschlag begrüßt. Ich durfte wählen, mit welchem Spezialgebiet ich beginnen wollte. Meine Darstellung wurde mindestens durch eine Zwischenfrage unterbrochen. Da sagte der Prüfer, das ist o.k., gehen Sie zum nächsten Punkt. Danach fand das übliche Prüfungsgespräch in Frage-und-Antwort-Spiel statt. Die Abschlußfrage lautete: „Warum wollen Sie Lehrer werden?“ Das war zugleich die letzte Frage zum Spezialgebiet „Antipädagogik“. Ich habe durch dieses Prüfungsgespräch eigentlich nichts Neues gelernt. Als ich das Prüfungszimmer verließ, war ich ziemlich sicher, daß ich eine 2 bekommen würde.

Die letzten 5 bis 6 Tage vor der Soziologieprüfung verliefen anders. Hier habe ich bis zum letzten Tag vor der Prüfung neue Literatur bezogen. Und am Prüfungstag selbst habe ich wiederholt, und zwar nicht anhand meiner Notizen, sondern anhand eines Buches, das meiner Ansicht nach eine gute Zusammenfassung bietet. Natürlich habe ich während der letzten Tage neben der neuen Literatur auch meine Notizen rekapituliert und sie mit der neuen Literatur verglichen. Die letzten 5 bis 6 Tage vor der Soziologieprüfung habe ich im Durchschnitt 7 Stunden täglich gearbeitet. In dem einen Thema fühlte ich mich sicher. Das andere Thema war so umfassend, daß ich mich auf einige Aspekte einschränken mußte. Ein fundiertes Buch hatte ich übersehen und hielt es für ratsam, es noch durchzuarbeiten. Meine Literatur hatte ich ziemlich unsystematisch und eher zufällig zusammengestellt. Vor dieser Prüfung hatte ich eine ähnliche Angst wie vor der Pädagogikprüfung, obwohl ich das Gefühl hatte, daß ich auf die Soziologieprüfung besser vorbereitet war. Merkwürdigerweise hatte ich trotzdem das Gefühl, daß ich weniger weiß. Dabei hatte ich ja mehr gemacht. Ich glaube, das lag an meinen Themen, die alle umfangreich waren. Nach der Prüfung stellte ich allerdings fest, daß mein Gefühl nicht ganz richtig war und daß ich doch relativ viel wußte.

Am Prüfungstag bin ich gegen 8 Uhr aufgestanden; die Prüfung sollte um 16 Uhr sein. Ich habe bis 14 Uhr in einem alten Buch gelesen, das alle Aspekte komprimiert zusammenfaßt. Meine eigenen Notizen habe ich kaum angeschaut. Gegen 14 Uhr habe ich ein Gespräch von ca. 30 Minuten mit einem Mitbewohner gehabt, der wegen einem Vorstellungsgespräch ziemlich aufgeregt war und mit jemand reden wollte. Als ich mich dann auf den Weg machte, stellte ich fest, daß mein Motorrad kein Benzin hatte. Der Reservehebel funktionierte leider nicht. Das war eine Aufregung! Es wäre ja zu vermeiden gewesen. Nun blieb mir nichts anderes übrig als zu rennen. Aufgeregt und außer Atem kam ich zum Glück noch 2 Minuten vor 16 Uhr an. Die Prüfung begann mit 10minütiger Verspätung, was mir sehr recht war. Trotzdem war meine Aufregung latent vorhanden.

Als ich das Prüfungszimmer betrat, grüßte ich den Prüfungsvorsitzenden und den Prüfer mit Handschlag. Der Beisitzer saß zu weit weg und schien an einem Handschlag nicht interessiert zu sein. So habe ich es sein lassen. Nach einer kurzen Darstellung meinerseits unterbrach mich der Prüfer und versuchte, seine Gedankenkette auf meine Darstellung aufzusetzen. Das war meiner Ansicht nach deswegen nicht möglich, weil es sich um zwei völlig verschiedene Theorien handelte. Dann entstand ein Aneinandervorbeireden. Irgendwann brach dann der Prüfer ab, und wir kamen zu dem zweiten Spezialgebiet, das dann besser lief. Zum Schluß stellte er eine konkrete Frage zu dem 3. Spezialgebiet und bekam eine konkrete Antwort mit Beispiel.

Als ich wieder herauskam, hatte ich ein schlechtes Gefühl. Ich schätzte das Prüfungsergebnis (nicht meine Leistung!) auf eine 3 ein, was auch zutraf. Draußen habe ich mich mit jemandem unterhalten und ihm über meine Prüfung erzählt. Er gab mir eine Bestätigung meines Eindrucks. So kam ich eine halbe Stunde später wieder zurück. Inzwischen war auch der letzte Prüfling schon geprüft worden. Ich ging wieder hinein und sagte, daß ich mich beschweren möchte. Begründung: Der Prüfer hatte das Aneinandervorbeireden verursacht. Der Prüfungsvorsitzende hat sich zu meiner Beschwerde dahingehend geäußert, daß meine Gedanken nicht präzise genug gewesen seien. Meiner Ansicht nach hat er aber von dem Thema keinen blassen Schimmer. Nach einem Gespräch, das eine ganze Stunde gedauert hat, kamen der Vorsitzende und der Prüfer zu dem merkwürdigen Ergebnis: Es sei ja möglich, daß ein Aneinandervorbeireden entstanden sei. Aber ich könne daraus die Lehre ziehen, das später bei meinen Schülern zu vermeiden. Damit war ich nicht zufrieden; und der Vorsitzende wies mich auf die Möglichkeit des Widerspruchs hin, fügte allerdings selbst hinzu, daß in diesem Fall kaum Aussicht auf Erfolg bestehe. Am Abend habe ich mich hingesetzt und ein Schreiben an das Prüfungsamt aufgesetzt, in dem ich Widerspruch eingelegt habe. Übrigens halte ich selber die Aussicht auf Erfolg für sehr gering. Trotzdem mußte ich das aus zwei Gründen tun: Erstens weil meine Argumente nicht anerkannt wurden und zweitens weil die Note als Ausdruck eben dieser mangelnden Anerkennung meiner Argumente ungerecht ist.

Im großen und ganzen hat sich meine Vorbereitung bewährt. Etwas mehr Ordnung in meinen Karteikarten wäre wünschenswert. Die heterogene Arbeitsgruppe halte ich nicht für gut. Bei der nächsten Prüfung werde ich mich um eine homogene Arbeitsgruppe bemühen, vielleicht 3 Leute, die man kennt.

Abschließende Bemerkung: Prüfungen sind Unsinn.

Nachtrag: Mein Widerspruch wurde vom Prüfungsamt mit der Begründung zurückgewiesen, daß die Prüfung formal korrekt verlaufen sei.

Fall Nr. 2

Angela U., geb. 1956, 13. Semester
Studienfächer: Chemie und Biologie
Angestrebtes Studienziel: Staatsexamen
Mündliche Prüfungen:

- Paedagogicum am 22.4.1982 (30 Minuten)
- Spezialgebiete: a) Sozialkognitive Lerntheorie
  b) Pestalozzi
- Philosophicum am 16.4.1982 (30 Minuten)
- Spezialgebiet: Logik

Erstes Interview am 7.4.1982

Meine Spezialgebiete sind unmittelbar aus den Lehrveranstaltungen hervorgegangen. In Philosophie habe ich einen Kurs über Logik besucht, in Pädagogik habe ich über die beiden Themen schon jeweils ein Referat geschrieben.

In Pädagogik fand das erste Vorgespräch mit dem Prüfer ca. 5 Monate vor der Prüfung statt und dauerte 10 Minuten. Ich hatte genaue Vorstellungen über meine Spezialgebiete. Der Prüfer akzeptierte sie, aber er grenzte das Thema zugleich ein. Außerdem nannte er mir noch weitere Literatur. Das zweite Vorgespräch fand drei Wochen vor der Prüfung statt und dauerte 15 Minuten. Der Prüfer hat mir geraten, gewisse Aspekte stärker in den Vordergrund zu stellen. Zudem wollte er die sozialkognitive Lerntheorie auf eine Realsituation angewendet haben. Ich fand beide Hinweise hilfreich.

In Philosophie fand ein Vorgespräch statt, und zwar 3 Monate vor der Prüfung. Es dauerte ca. 2 Minuten. Ich habe mich methodisch so vorbereitet, daß ich zuerst die Literatur zu den Themen gelesen habe, wobei ich die Passagen, die mir wichtig erschienen, mit eigenen Worten zusammengefaßt und exzerpiert habe. Ich habe nie Karteikarten benutzt; damit habe ich früher schlechte Erfahrungen gemacht. Ich brauche Platz für Zeichnungen und Notizen, und das geht auf Karteikarten nicht gut.

Ich bereite mich seit 5 Monaten auf meine Spezialgebiete vor. Da ich ungern unter Zeitdruck arbeite, habe ich absichtlich so früh angefangen. Die Literatur habe ich mir daher schon rechtzeitig geholt, gelesen und in meinen Worten exzerpiert bzw. zusammengefaßt. Danach habe ich nur noch anhand meiner Zusammenfassungen weitergelernt. Es ist schwer, von einem Arbeitsplan in Stunden zu sprechen, aber ich arbeite nach einem bestimmten Pensum. Bei einem schwierigen Buch habe ich zum Beispiel täglich 30 Seiten gelesen und zusammengefaßt. Aber es kommt auch auf das Buch an.

Ich habe ausschließlich allein gelernt und arbeite im allgemeinen eigentlich allein. Mit Gruppenarbeit habe ich wenig Erfahrung, ich bin überzeugt, daß die Arbeit in einer Gruppe für mich nicht die effektive Lernmethode ist. Den einzigen Vorteil der Gruppenarbeit sehe ich in der Rückmeldung, die man eventuell bekommt. Für die Überwindung meiner Abneigung gegen die Gruppenarbeit genügt das aber nicht.

In der Philosophie, also bei dem Spezialgebiet Logik, hatte ich mit jemandem zusammengearbeitet. Es war vorgeschrieben, daß man die Übungen zusammen mit jemand macht und abgibt. Insofern konnte man gar nicht allein arbeiten. Da habe ich denn auch mehr Rückmeldungen bekommen. Aber bei der Vorbereitung der Spezialgebiete in Pädagogik fehlte mir jede Rückmeldung, bis auf die, die ich in Vorgesprächen vom Prüfer bekommen hatte. Auch interessiert sich in meinem Bekanntenkreis niemand für pädagogische Themen, so daß ich kaum mit jemandem darüber reden kann. Von der Möglichkeit, als Gast einer Prüfung beizuwohnen, habe ich zwar gewußt, aber nie Gebrauch gemacht; ich fand es peinlich. Gelegentlich habe ich nur mit anderen Examenskandidaten gesprochen.

Meine Zeitplanung habe ich sehr gut eingehalten. Schon jetzt bin ich eigentlich fertig. Eine Störung war nur, daß meine Mutter eine Woche ziemlich krank geworden ist. In dieser Woche konnte ich nicht wie sonst arbeiten, weil auch Haushaltsarbeiten auf mich zukamen, aber insgesamt neige ich immer dazu, rechtzeitig anzufangen, damit es keinen Zeitdruck gibt. Das ist mir auch bei dieser Examensvorbereitung gelungen.

Ich bereite mich überwiegend dialogisch vor. Schon beim Lesen führe ich ständig innere Dialoge, um den Text besser zu verstehen. Auch versetze ich mich gelegentlich in die Lage des Prüfers und denke: „Was würde ich antworten, wenn er dies oder jenes fragt" usw. Vielleicht dauert bei mir das Lesen deshalb auch so lang.

Angst habe ich überhaupt keine. Früher bei der Abiturprüfung habe ich entsetzliche Angst gehabt. Aber da ich Chemie studiere, also ein Fach, bei dem fast jedes Vierteljahr eine Prüfung zu machen ist, habe ich jetzt keine Angst mehr. Dabei ist ein Schlüsselerlebnis wichtig. Einmal war ich bei einer Chemieprüfung sehr gut vorbereitet und habe die Prüfung nicht bestanden. Danach habe ich gesehen, wie es ist, wenn man mal durchfällt. Für die Wiederholung dieser Prüfung, die eine Woche danach stattfand, hatte ich nichts getan, denn im Grunde war ich gut genug vorbereitet. Ich habe eine 2 gemacht. Den Grund für das Durchfallen sehe ich eindeutig in meiner Angst vor der Prüfung. Seitdem habe ich nie mehr Angst vor irgendeiner Prüfung.

Ich gehe mit einem guten Gefühl in die Prüfung. Ich schätze mich so ein, daß ich eine 1 oder 2 mache. Mit einer 3 wäre ich jedenfalls unzufrieden. Ich glaube, daß diese Einschätzung auf meine Vorbereitung zurückgeht und auch auf die Rückmeldungen des Prüfers beim zweiten Vorgespräch.

Abschließende Bemerkung: Ich mache gern Prüfungen. Es ist natürlich hart, sich auf die Prüfung vorzubereiten, aber wenn man sie mal hinter sich hat, dann ist es schön. Ich freue mich vor allem darauf, mich mit dem Prüfer auf ein niveauvolles Gespräch einzulassen. Die Prüfung ist für mich ein wichtiges Erfolgserlebnis.

Zweites Interview am 29.4.1982

Beide Prüfungen habe ich mit 1 bestanden.

Was die Prüfung in Philosophie anbetrifft, so habe ich in den letzten 5 bis 6 Tagen nur wiederholt, wobei ich die Definitionen mehrmals aus dem Gedächtnis aufgeschrieben habe. So prägt sich mir eine Definition am besten ein.

Die letzten 4 bis 5 Tage vor der Pädagogikprüfung habe ich auch nur wiederholt. Ich habe meine Thesen zusammengestellt und dabei mir Situationen ausgedacht, auf die meine Thesen praktisch angewendet werden könnten. Vor keiner dieser beiden Prüfungen war ich besonders nervös oder aufgeregt, zumal das Ergebnis der Prüfung in Philosophie mich recht ermutigt hat.

Am Tag der Philosophieprüfung verlief alles wie sonst. Ich war eine Viertelstunde vor dem Prüfungstermin da. Während ich vor dem Prüfungszimmer wartete, überflog ich meine Notizen. Da kam der Prüfungsvorsitzende vorbei, sprach mich freundlich an. Wir kamen ins Gespräch, wobei ich das Gefühl hatte, daß er sich darum bemühte, die Spannung aufzulockern. Er erzählte mir von seiner eigenen Prüfung. Das fand ich sympathisch. In der Prüfung hat mich der Prüfer ausreden lassen. Meine Taktik bestand darin, auf eine Frage so lange wie möglich zu antworten. Das sollte den Prüfer daran hindern, ständig Fragen zu stellen. Das klappte mal, aber der Prüfer hat sich nicht immer darauf eingelassen. Mal hat er einfach unterbrochen und gesagt: „ist gut, o.k.". An einer Stelle hatte ich Ausdrucksschwierigkeiten, und das führte zu einem inhaltlichen Mißverständnis. Der Prüfer führte kurz aus, zu welcher Konsequenz meine Formulierung führen müßte. Ich korrigierte meine Formulierung, indem ich erklärte, was ich hatte sagen wollen. Dann war es in Ordnung.

Als ich das Prüfungszimmer verließ, wußte ich, daß ich wohl eine 1 bekommen würde. Nach der Beratungspause wurde ich wieder hereingerufen, und es zeigte sich, daß ich mich selbst richtig eingeschätzt hatte.

Am Tage der Pädagogikprüfung habe ich nichts mehr wiederholt. Ca. 10 Minuten vor dem Prüfungstermin war ich da. Mit der Kandidatin, die vor mir dran war, habe ich mich kurz unterhalten. Sie schien mir so aufgeregt. Sie sagte, sie hätte Aufputschmittel genommen.

Die Prüfung begann damit, daß ich das Thema darstellen sollte. Da fing ich an, aber der Prüfer machte ein so merkwürdiges (ich möchte fast deutend sagen: schauderhaft-böses) Gesicht, daß ich total verunsichert wurde. Ich fing an zu stottern und wurde deshalb auch ziemlich nervös. Da fiel mir aber zum Glück noch ein, daß der Prüfer in einem Seminar mal gesagt hatte, daß er bisweilen aggressiv aussieht, wenn er sich stark konzentriert. Das war meine Rettung. Als ich mich daran erinnerte, ging es auf einmal gut. Ich sprach flüssig und hörte auf zu stottern. Während meiner Darstellung zeigte der Prüfer keinerlei Reaktion. Als ich aber meine Thesen vorgetragen hatte, sagte er zu dem Beisitzer etwas Positives. Und solche positiven Rückmeldungen hat er auch während des Prüfungsgespräches öfters gegeben.

Auf seine Fragen wußte ich eigentlich immer sofort eine Antwort. Es waren größtenteils die gleichen Fragen, die ich mir auch bei meiner dialogischen Vorbereitung gestellt und beantwortet hatte. Eine Frage war für mich auffällig. Der Prüfer sagte: „Jetzt kommt eine Frage, die Sie wahrscheinlich nicht beantworten können.“ Dann stellte er eine Frage, die ich ziemlich leicht fand und sofort beantwortete. Aber er sagte darauf: „Das ist zwar nicht das, was ich wissen wollte, aber Sie haben trotzdem gut reagiert.“

An einer Stelle habe ich seine Frage nicht verstanden. Ich habe dann gesagt: „Ich verstehe nicht, was Sie eigentlich meinen.“ Und dann kam erst Klarheit rein.

Als ich den Prüfungsraum verließ, wußte ich, daß ich eine 1 machen würde, weil ich ein gutes Gefühl hatte und mit meiner Leistung zufrieden war.

Recht gut bewährt hat sich meine Vorbereitung vor allem darin, daß ich viel Selbstgespräche geführt habe. Gut war außerdem meine Zeitplanung. Ich war rechtzeitig mit der Vorbereitung fertig. Insgesamt würde ich die nächste Prüfung auch ähnlich vorbereiten.

Abschließende Bemerkung: Nach der Prüfung wurde das Gewicht, das ich der Prüfung beigemessen hatte, plötzlich relativiert.

Fall Nr. 3

Oliver H., geb. 1954, 14. Semester
Studienfächer: Germanistik und Slavistik (russisch)
Angestrebtes Examensziel: Staatsexamen
Mündliche Prüfungen:

- Paedagogicum am 14.4.1982 (30 Minuten)
- Spezialgebiete: a) Die Pädagogik Makarenkos
  b) Anthropologische Biologie (Verhaltensforschung)
- Philosophicum am 22.4.1982 (30 Minuten)
- Spezialgebiet: Kierkegaard

Erstes Interview am 7.4.1982

Meine Spezialgebiete sind teilweise aus den Lehrveranstaltungen hervorgegangen, teilweise gehen sie aber auch auf Interessen aus der Schulzeit zurück. Während der Vorbereitungszeit habe ich zu meiner Überraschung und Freude festgestellt, daß zwischen den beiden Spezialgebieten in Pädagogik eine Verbindung besteht, insofern nämlich, als Makarenko sich kritisch auf die Verhaltensforscher bezieht.

Das 1. Vorgespräch in der Pädagogik fand ein halbes Jahr vor der Prüfung statt und dauerte kaum länger als 5 Minuten. Als Spezialgebiete hatte ich selbst vorgeschlagen: a) Makarenko und b) das Lehrerverhalten, wobei das 2. Thema eher eine Notlösung war. Der Prüfer fand, daß die beiden Spezialgebiete zu eng nebeneinander lagen. Er gab mir eine Liste von möglichen Prüfungsthemen, auf der u.a. auch Anthropologie stand.

Das 2. Gespräch fand 5 Monate vor der Prüfung statt und dauerte ca. 12 Minuten. Einige Literatur hatte ich selber zusammengestellt. Der Prüfer nannte mir noch 2 Zeitschriftenartikel, denen ich dann weitere Literatur entnommen habe. Das Spezialgebiet Anthropologie mußte ich eingrenzen. Der Prüfer sagte, daß Anthropologie ein weites Gebiet ist und daß ich mich auf bestimmte Aspekte oder Fragestellungen beschränken muß. Ich habe mich für biologische Aspekte entschieden bzw. für Verhaltensforschung. Das hat der Prüfer akzeptiert.

Das 3. Vorgespräch fand ca. 3 Monate vor der Prüfung statt und dauerte 5–10 Minuten. Jetzt habe ich auch eine Literaturliste vorgelegt, und zwar zu jedem der 2 Prüfungsthemen. Damit war der Prüfer im ganzen einverstanden, wies mich aber darauf hin, daß ich zwischen der biologischen Anthropologie und der Pädagogik eine Verbindung herstellen müßte.

In der Philosophie hat ein Vorgespräch ca. 6 Monate vor der Prüfung stattgefunden; das dauerte 10 Minuten. Der Prüfer war mit meinem Vorschlag einverstanden. Er nannte mir keine Sekundärliteratur, sondern empfahl eher, mich intensiv mit dem Primärtext zu befassen.

Ich bereite mich seit ca. 6 Monaten schon auf diese Prüfungen vor. Methodisch gehe ich so vor, daß ich nach der Lektüre des Primärtextes die wichtigen Stellen auf DIN A 4-Papier ausschreibe. Dabei notiere ich immer die Seitenzahl. Ich lese einmal sehr genau und exzerpiere dann wörtlich aus dem Text. Das Exzerpt dient mir dann als Vorlage für die Erarbeitung eines Thesenpapiers. Ganz intensiv bereite ich mich seit vier Wochen auf die Prüfung in Pädagogik und seit fünf Wochen auf die in Philosophie vor.

Auf die Pädagogikprüfung habe ich mich allein vorbereitet, während ich in Philosophie in einer Gruppe gearbeitet habe, die aus 3 Personen besteht. Wir treffen uns einmal wöchentlich und haben vor, uns in der letzten Woche mehrmals zu treffen. Ich halte die Gruppenarbeit für absolut notwendig, die Zahl 3 für ideal. Jeder von uns hatte zu Hause den Text gründlich zu lesen. In der Gruppe haben wir dann Probleme und Fragestellungen behandelt. Bei der Vorbereitung auf die Gruppenarbeit war mir der Gruppenzwang eine Hilfe, um meinen Zeitplan einzuhalten.

Eine gewisse Unterbrechung meiner Zeitplanung verursachte eine Krankheit, die mich 3 Tage kostete. Das brachte meine Planung ein wenig durcheinander. Eine weitere Störung bestand darin, daß eine formal-juristische Voraussetzung nicht erfüllt war. Meine Bescheinigung über das Mittlere Latinum wurde vom Prüfungsamt wegen zweier Formfehler zunächst nicht anerkannt. Das hat mich deshalb erstaunt, weil diese Bescheinigung, die ich für die Zwischenprüfung in Germanistik hatte besorgen müssen, vom Germanistischen Institut bereits als Mittleres Latinum anerkannt worden war. Aber letztlich entscheidet das Prüfungsamt über diese formal-juristischen Voraussetzungen. Es hat mich 4 Tage gekostet, eine neue Bescheinigung bei dem Gymnasium zu besorgen, das ich ehemals besucht hatte. Abgesehen von diesen 2 Störungen, habe ich meine Zeitplanung eigentlich eingehalten.

Ich habe mich während der Lektüre monologisch und während der Ausarbeitung meines Thesenpapieres eher dialogisch vorbereitet, indem ich mich in die Lage des Prüfers versetzt habe und an mich selbst Fragen gestellt habe.

Einen Tag vor der Prüfung habe ich immer Angst. Angst vor Ungewißheit, was wohl drankommen wird; Angst davor, daß ich doch nicht 100%ig vorbereitet bin.

Ich schätze mich selber so ein, daß ich in Pädagogik eine 3 machen müßte. In Philosophie kann ich nichts sagen.

Abschließende Bemerkung: Ich halte nichts von Prüfungen, weil ich mir da nicht Wissen für mich aneigne, sondern für die Prüfung. Ein solches Lernen ist zu sehr zweckgebunden. Es geht um diesen einen Prüfungstag, um diese halbe Stunde.

Zweites Interview am 30.4.1982

Ich habe die Pädagogikprüfung mit 2 und die Philosophieprüfung mit 3 bestanden.

Die letzten 5 bis 6 Tage vor der Prüfung in Pädagogik habe ich eins meiner Spezialgebiete, das ich gründlich vorbereitet hatte, nur noch wiederholt. Zu dem 2. Spezialgebiet habe ich bis 2 Tage vor der Prüfung noch Literatur bezogen und gelesen. Für beide Spezialgebiete habe ich dann jeweils ein Thesenpapier ausgearbeitet. Einen Tag vor der Prüfung war ich ziemlich nervös und konnte nur noch unkonzentriert arbeiten. Ich glaube, meine Nerovsität rührte daher, daß ich diesen Tag sozusagen als die letzte Chance sah. Ich dachte, was ich jetzt nicht schaffe, das kann ich in der Prüfung nicht mehr bringen.

Am Prüfungstag bin ich wie sonst aufgestanden und habe gemütlich gefrühstückt. Dann habe ich versucht, meiner Freundin die Thesen vorzutragen, die ich ausgearbeitet hatte. Das klappte aber nicht; ich kam ins Stocken, und das erhöhte die Nervosität, so daß ich vollends den Faden verlor. Dann hörte ich auf. Erschienen bin ich zur Prüfung ca. 10 Minuten vor dem Termin. Ich habe jegliches Gespräch mit Leuten dort bewußt vermieden. Meine Ruhe kam erst, als ich das Prüfungszimmer betrat. Ich grüßte den Vorsitzenden, den Prüfer und den Beisitzer mit Handschlag. Als ich aufgefordert wurde, mit einem der beiden Spezialgebiete nach eigener Wahl zu beginnen, habe ich meine Thesen vorgetragen, wobei ich sagen muß, daß ich die Thesen zwar nicht auswendig gelernt hatte, aber schon durch die gründliche Wiederholung der letzten Tage so gut wie auswendig beherrschte. Während meiner Darstellung kamen Zwischenfragen, die für mich unerwartet waren. Sie bezogen sich weniger auf die Sache als auf meine persönliche Beziehung zu der Sache, so zum Beispiel, ob ich, da ich russisch studiere, Makarenko in der Originalsprache gelesen und den Text mit der deutschen Übersetzung verglichen hätte; oder ob ich selbst die Erfahrung der uniformierten Kollektiverziehung gemacht hätte.

Der Augenkontakt mit dem Prüfer hat mich vor allem in den ersten Minuten meiner Darstellung ermutigt. Der Prüfer gab durch seine Mimik und Gestik positives Feedback, während ich bei dem Prüfungsvorsitzenden eher den Eindruck hatte, daß er sich in meinen Themen nicht sonderlich auskannte und eben zuhörte. Als es soweit war, und ich das Prüfungszimmer verließ, wußte ich wohl, daß ich eine 2 bekommen würde; und das hat sich bestätigt.

Ein wenig anders verliefen die letzten 5 bis 6 Tage vor der Philosophieprüfung. Das Gruppentreffen hat nur einmal stattgefunden, obwohl wir uns vorgenommen hatten, uns in den letzten Tagen häufiger zu treffen. Ich habe bis 3 Tage vor der Prüfung noch neue Literatur bezogen und erst dann angefangen, mein Thesenpapier auszuarbeiten. 2 Tage vor meiner Prüfung hat einer aus unserer Gruppe das gleiche Thema bei demselben Prüfer gehabt. Sein Bericht hat mich beruhigt, weil ich die Fragen relativ einfach fand. Einen Tag vor der Prüfung war ich wieder nervös, wie bei mir üblich. Dennoch war ich im Vergleich zu dem letzten Tag vor der Pädagogikprüfung ruhiger. Die 2 in Pädagogik wirkte wie ein sicheres Polster.

Am Tag der Philosophieprüfung verlief mein Tagesrhythmus ganz normal. Ich war ca. 10 Minuten vor dem Prüfungstermin da. Der Kandidat vor mir kam strahlend aus dem Prüfungszimmer heraus und sagte zu seiner Freundin, es sei sehr gut gelaufen, er habe wie ein Buch geredet. Dann mußte er wieder hinein, um seine Note zu erfahren. Kurz darauf kam er noch strahlender heraus, umarmte seine Freundin und war voller Freude. Er hatte eine 1 gemacht. Dann war ich dran, übrigens als letzter Prüfungskandidat, und zwar nicht nur dieses Tages, sondern der ganzen Prüfungswoche. Ich glaube, es waren insgesamt mehr als 30 Leute schon geprüft worden. Ich fing eigentlich flott und flüssig an, denn auch hier hatte ich meine Thesen so oft wiederholt, daß ich sie geradezu auswendig konnte. Und plötzlich unterbrach der Prüfer abrupt und stellte eine so allgemeine Frage, daß ich darauf zunächst nichts sagen konnte. Kaum hatte ich meine Gedanken geordnet, um fortzufahren, da unterbrach er wieder und bohrte mit derselben Frage, obwohl er gemerkt hat (haben muß), daß ich nicht wußte, worauf er hinauswill. Und jetzt dozierte er selber. Dieses Verhalten setzte sich fort, und ich merkte, wie sich in mir eine innere Distanz zu der ganzen Prüfungssituation aufbaute. Ich hatte kaum noch Lust, mich zu engagieren. Vielleicht war ich auch deshalb enttäuscht, weil ich über den Prüfer ganz andere Informationen hatte. Man erzählte von ihm, daß er nicht unterbricht, auf den Prüfling freundlich eingeht usw. Natürlich frage ich mich jetzt, also eine Woche nach der Prüfung, warum ich nicht Rückfragen gestellt habe und die Prüfung mir so aus der Hand nehmen ließ. Irgendwann im Verlaufe der Prüfung fiel mir auf, daß ja der Prüfer die ganze Zeit redet. Es fiel mir der Kandidat ein, der vor mir dran gewesen war und wie ein Buch geredet hatte. Da faßte ich Mut und unterbrach meinerseits den Redefluß des Prüfers. Was er da dozierte, war mir ja nicht unbekannt. So ging es dann gegen Schluß wieder einigermaßen.

Nach der Beratung wurde ich wieder hineingerufen. Der Prüfungsvorsitzende sagte mir, daß es am Anfang sehr gut gelaufen sei, dann aber nicht so gut. Ich wollte dazu Stellung nehmen und sagen, wie ich das empfunden habe und warum es nicht mehr so gut gelaufen ist. Aber ich merkte, daß sie alle 3 es sehr eilig hatten, um endlich Feierabend zu machen – eigentlich verständlich nach über 30 Prüfungen in einer Woche.

Meine Prüfungsvorbereitung hat sich in zwei Punkten nicht bewährt. Bei der nächsten Prüfung würde ich unbedingt darauf achten, daß die Lektüre von Literatur spätestens eine Woche vor dem Prüfungstermin abgeschlossen ist, damit Zeit für die Wiederholung bleibt. Im übrigen finde ich im Nachhinein, daß meine Lektüreliste ziemlich unsystematisch zusammengestellt war. Das würde ich bei der nächsten Prüfung anders machen. Ansonsten hat sich meine Vorbereitung gut bewährt.

Abschließende Bemerkung: Ich würde doch raten: Weniger, wenn gut präpariert, ist mehr. Ich glaube, ich habe zu viel Literatur bezogen und vor allem zu heterogene Literatur. Auch hätte ich mich mit meinem Prüfer in Philosophie besser absprechen sollen. Hier habe ich mich auf das verlassen, was andere Leute über ihn erzählen. Das ist falsch. Man muß seinen Prüfer persönlich kennenlernen.

Fall Nr. 4

Heinrich K., geb. 1958, 8. Fachsemester
Studienfächer: Mathematik, Theologie und Physik
Angestrebtes Studienziel: Staatsexamen
Mündliche Prüfungen:

– Paedagogicum am 15.5.1982 (30 Minuten)
– Spezialgebiete: Moralerziehung aus religionspädagogischer Sicht
  Berthold Otto
– Philosophicum am 19.4.1983 (30 Minuten)
– Spezialgebiet: Wissenschaftstheorie

Erstes Interview am 8.4.1982

Alle drei Spezialgebiete gehen auf die entsprechenden Lehrveranstaltungen zurück, die ich in Pädagogik und Philosophie besucht habe. Über Berthold Otto habe ich ein Referat geschrieben. Die Wahl des Themas „Moralerziehung aus religionspädagogischer Sicht" ist außerdem durch die Anregungen aus dem Funkkolleg Ethik und durch die Empfehlung eines Kommilitonen mit beeinflußt worden.

In Philosophie fand das erste Vorgespräch mit dem Prüfer etwa ein halbes Jahr vor der Prüfung statt. Es dauerte ca. 2 Minuten. Der Prüfer war mit dem von mir vorgeschlagenen Thema einverstanden. Das 2. Vorgespräch fand 3 Monate vor der Prüfung statt und dauerte ca. 5 Minuten. Ich hatte eine Liste von Fragen in bezug auf die Wichtigkeit der Kapitel (wir hatten uns auf ein Buch geeinigt). Er beantwortete meine Fragen sehr kurz. Danach bin ich zu seinem Assistenten gegangen. Bei ihm habe ich dann die eigentliche inhaltliche Hilfe bekommen. Ich habe vor, 3 bis 4 Tage vor der Prüfung den Assistenten noch einmal aufzusuchen. Ich glaube, daß der Prüfer selbst deshalb so kurz angebunden war, weil er ein Forschungssemester hatte.

In Pädagogik hat das 1. Vorgespräch 6 Monate vor der Prüfung stattgefunden. Es dauerte 5 oder 10 Minuten. Meine Vorschläge für Spezialgebiete lauteten: a) Wagenschein, b) Suchtgefahren in der Schule und c) Religionspädagogik. Der Prüfer zeigte Vorliebe für das Thema Religionspädagogik, empfahl allerdings, das Thema einzugrenzen. Für die anderen zwei konnte er sich nicht erwärmen. Da ich bei ihm ein Referat über Reformpädagogik gehalten hatte, einigten wir uns auf die Pädagogik Berthold Ottos. Das 2. Vorgespräch fand 4 Monate vor der Prüfung statt und dauerte ca. 10 Minuten. Für das Spezialgebiet Moralerziehung hat der Prüfer jetzt ein Buch empfohlen. Ich war inhaltlich nicht vorbereitet und hatte keine Literaturliste dabei. Etwa 6 Wochen vor der Prüfung fand ein 3. Vorgespräch statt, das ebenfalls 10 Minuten dauerte. Ich hatte jetzt die Literatur mitgebracht. Wir haben uns auf die Grundliteratur geeinigt. Dann hat der Prüfer mir berichtet, wie der Verlauf der Prüfung sein wird. Das fand ich gut. Eine Woche vor der Prüfung fand noch ein 4. Vorgespräch von 10 Minuten statt. Wir haben die letzten inhaltlichen Fragen besprochen, z.B. die Psychologie von Berthold Otto, praktische Beispiele etc.

Insgesamt kann ich sagen, daß ich etwa die Hälfte der Literatur selber ausgesucht habe. Die andere Hälfte hat mir der Prüfer empfohlen. Für jedes Spezialgebiet habe ich ca. 1 bis 2 Bücher und ebensoviele Aufsätze gelesen.

Ich bereite mich seit ca. 7 Wochen intensiv vor, wobei ich tagsüber arbeite und abends nur sehr selten etwas tue. Mein Arbeitsplan sieht etwa so aus: 9-13 und 15-18 Uhr Arbeit, dazwischen Pause. Ich komme auf ca. 6 Stunden pro Tag. Einen Gesamtarbeitsplan für diese 7 Wochen hatte ich nicht. Da ich selten nachts arbeite, habe ich einen eher regelmäßigen Tagesrhythmus.

Bei der Lektüre von Literatur verwende ich verschiedene Farbstifte. Ich lese Abschnitt für Abschnitt und exzerpiere meist nicht wörtlich (bis auf Definitionen oder dergleichen). Ich versuche, den Sachverhalt mit verschiedenen Zeichen und in der Regel mit meinen eigenen Worten festzuhalten. Ich benutze folgende Zeichen:

$\triangleq$	für Entsprechung
$\lightning$	für Widerspruch
$\Rightarrow$	für es folgt
$\Leftrightarrow$	genau dann, wenn
$\neg$	für nicht
$\wedge$	für und
$\vee$	für oder
$=$	für ist gleich

Diese Zeichen benutze ich, wenn ich auf Karteikarten exzerpiere. Ich arbeite damit in Philosophie wie in Pädagogik. Außerdem exzerpiere ich mit schwarzer Farbe, wenn ich die wesentlichen Aussagen notiere, mit blau, wenn ich Beispiele bringe. Exzerpte mit Bleistift geben meine eigenen Bemerkungen zum Text wieder. In den Büchern verwende ich Farbstifte zur Hervorhebung der wichtigen Stellen. Ich notiere immer die Seitenzahl. Übrigens arbeite ich fast nur mit Kateikarten der Größe DIN A 6.

Ich arbeite allein. Allerdings erzähle ich das, was mich gerade beschäftigt, meinen Freunden und Bekannten. Ich bereite mich dialogisch vor, vor allem in der Schlußphase. Hier versetze ich mich in die Lage des Prüfers und führe Selbstgespräche mit mir. In der Anfangsphase bereite ich mich eher monologisch vor.

Ich schätze mich selber so ein, daß ich in Pädagogik eher eine 2 erwarte als in Philosophie.

Zweites Interview am 26.4.1982

Ich habe beide Prüfungen bestanden. In Pädagogik habe ich eine 2 und in Philosophie eine 1 bekommen.

Während der letzten 5 bis 6 Tage vor der Prüfung habe ich eigentlich wie sonst weitergearbeitet. Nur die letzten 2 Tage vor der Prüfung habe ich ziemlich viel (8-10 Stunden täglich) gelernt. Natürlich war ich etwas unruhiger als sonst, aber nicht besonders nervös. Sicher hätte ich mich besser konzentrieren können, wenn ich ruhiger gewesen wäre. Aber das hielt sich in Grenzen. Während der letzten 5 bis 6 Tage vor der Prüfung habe ich zusammen mit meiner Freundin die Prüfungssituation simuliert. Vor allem zu Beginn des Rollenspiels war ich aufgeregt und fuchtelte zum Beispiel mit meinen Händen rum. Ich habe das korrigiert, indem ich meine Hände einfach zusammenfaltete.

Während dieser letzten Tage vor den Prüfungen haben mir zwei Kandidaten über den Verlauf ihrer Prüfung erzählt. Einer von Ihnen hatte übrigens dieselben Themen bei meinem Prüfer. Mich haben diese Berichte beruhigt.

Am Prüfungstag habe ich ganz bewußt nichts mehr getan. Ich wollte unnötige Aufregung vermeiden. Ich habe gemütlich mit meiner Freundin gefrühstückt und bin dann 10 Minuten vor dem Prüfungstermin hingegangen. Dort traf ich einen Bekannten, der meinetwegen dahingekommen war. Das ist übrigens in meinem Bekanntenkreis so üblich. Ich muß sagen, daß es auf mich ablenkend und beruhigend wirkte.

Dann wurde ich hineingerufen. Ich grüßte den Vorsitzenden, den Prüfer und den Beisitzer mit Handschlag und setzte mich hin, die Hände unter dem Tisch zusammengefaltet. Meinen ersten Satz hatte ich ziemlich genau vorbereitet, aber nicht auswendig gelernt. Dann habe ich meine Thesen vorgetragen. Der Prüfer hat mich ausreden lassen und erst spät nachgefragt. Die Fragen waren teilweise so naheliegend und einfach, daß ich eher verblüfft war. Ich glaube nicht, daß solche Fragen in der Literatur behandelt werden. Ein Beispiel: Beim Spezialgebiet „Moralerziehung" hatte ich die These vertreten, daß Moralerziehung ein Aspekt sei, der fachunabhängig ist und daher in jedem Unterricht berücksichtigt werden müsse.

Prompt fragt der Prüfer: „Sie studieren doch Physik. Wie würden Sie Ihre These auf den Physikunterricht anwenden?" Oder bei Kohlberg hat er gefragt, ob ein 6jähriges Kind lügen kann. Oder bei Berthold Otto fragte er u.a., wie das Schulgebäude ausgesehen hätte.

Als ich das Prüfungszimmer verließ, hatte ich den Eindruck, daß ich wohl eine 2 machen würde. Ich hatte mich ja sozusagen auf eine 2 vorbereitet und konnte einigermaßen abschätzen, ob die Prüfung so verlief, wie ich sie mir vorgestellt hatte. Nach ca. 2 Minuten hat sich dann meine Vermutung bestätigt.

In der Philosophie verlief die Prüfung sehr flüssig. Ich hatte den Eindruck, daß es mir besser gelungen ist, die Prüfung selbst zu lenken. Ein bißchen Glück war vielleicht auch im Spiel. Mein Vorgänger hatte dasselbe Thema gehabt und schlecht abgeschnitten. Das Prüfungsgespräch verlief gut, und ich habe eine 1 gemacht, besser als ich erwartet hatte.

Meine Prüfungsvorbereitung hat sich im großen und ganzen bewährt, und ich würde mich auf die nächste Prüfung wieder in ähnlicher Weise vorbereiten. Besonders bewährt hat sich meine Vorbereitung darin, daß ich die grundsätzlichen und allgemeinen Fragen zu den speziellen Aspekten in Beziehung zu setzen versucht habe. Das zahlte sich in der Prüfung schon aus. Nicht sonderlich gut bewährt hat es sich, daß ich viele Probleme zu sehr vertieft hatte. Das hat zwar nicht geschadet, aber eben Zeit gekostet. Eine Sache würde ich bei der nächsten Prüfungsvorbereitung anders machen. Ich habe nämlich viel zu spät mit der Wiederholung der angehäuften Karteikarten begonnen. Ich würde beim nächsten Mal neben der Vorbereitung täglich sukzessive wiederholen.

Abschließende Bemerkung: Insgesamt kann ich sagen, daß ich persönlich durch diese Prüfungsvorbereitungen bereichert worden bin.

B. DAS SOLLTEN SIE BEI JEDER PRÜFUNG BEACHTEN

Dieser Abschnitt handelt von Voraussetzungen, die gegeben sein müssen, damit Sie zum Examen zugelassen werden. Er steht am Anfang, weil es bisweilen geschieht, daß jemand seine Magisterarbeit gerade abschließt, seine Spezialgebiete schon anvisiert und schließlich den Gang ins Dekanat wagt, um dort zu seinem Leidwesen zu erfahren, daß er noch das Kleine Latinum nachzuholen habe. Das ist ärgerlich. Deshalb empfehle ich, relativ früh, spätestens aber in der Mitte des Studiums sich genau darüber zu informieren, welche Voraussetzungen Sie erfüllen müssen, wenn Sie zu einer bestimmten Prüfung zugelassen werden wollen.

1. *Formal-juristische Voraussetzungen*

Eine Prüfung ist ein Verwaltungsakt und hat somit auch juristische Aspekte. Für jede akademische Prüfung gibt es eine Prüfungsordnung, die man sich beim Dekanat seiner Fakultät besorgen kann. Es ist außerordentlich wichtig zu wissen, ob es sich dabei um die zur Zeit gültige Prüfungsordnung handelt. Es empfiehlt sich auch, im Dekanat zu fragen, ob in absehbarer Zeit Revisionen, Überarbeitungen oder sonstige Veränderungen zu erwarten sein werden. Die Prüfungsordnung stellt einen allgemeinen Rahmen dar. Sie enthält zwar meist Aussagen über Zielsetzungen, Niveau und Grad der Fähigkeit zur wissenschaftlichen Arbeit, aber keine Details darüber. Was also inhaltlich erwartet wird (Proseminarscheine, Zwischenprüfung, Hauptseminarscheine etc.), das erfährt man an dem Institut oder Seminar, an dem man studiert. Das ist auch der Grund, weshalb ein Studienplatzwechsel bisweilen mit Problemen verbunden ist. An der einen Hochschule ist ein Studiengang relativ fest vorgeschrieben, an der anderen kaum, an der einen Universität braucht man das „Latinum", an der anderen wird dies nicht verlangt, oder es wird auf Antrag erlassen.

§ 86 **Prüfungen**

(1)
Das Hochschulstudium wird in der Regel durch eine Hochschulprüfung oder eine staatliche oder kirchliche Prüfung abgeschlossen.

(2)
Studiengänge sollen in Studienabschnitte gegliedert werden, die mit einer Prüfung enden. In Hochschulprüfungen, mit denen ein Studienabschnitt oder ein Studiengang beendet wird, soll festgestellt werden, ob der Student das Ziel des Studienabschnitts oder des Studiums erreicht hat. Hierbei können nur Leistungen berücksichtigt werden, die die persönlichen Fähigkeiten des Studenten erkennen lassen.

(3)
Bei Hochschulprüfungen dürfen nur Professoren, Hochschulassistenten, Privatdozenten, ferner wissenschaftliche und künstlerische Mitarbeiter, soweit sie den Studenten Fachwissen und praktische Fertigkeiten vermitteln und sie in der Anwendung wissenschaftlicher Methoden unterweisen, Lehrbeauftragte, Lehrkräfte für besondere Aufgaben sowie in der beruflichen Praxis und möglichst auch in der Ausbildung erfahrene Personen mitwirken. Das Nähere regelt die Prüfungsordnung. Die zur Abnahme von Hochschulprüfungen befugten Personen dürfen Prüfungsleistungen nur bewerten, wenn sie selbst mindestens die durch die Prüfung festzustellende oder eine gleichwertige Qualifikation besitzen.

(4)
Jede Prüfungsleistung in einer Hochschulabschlußprüfung und in Prüfungen, deren Bestehen Voraussetzung für die Fortsetzung des Studiums ist, ist in der Regel von mindestens zwei Prüfern zu bewerten; mündliche Prüfungen sind von mehreren Prüfern oder von einem Prüfer in Gegenwart eines sachkundigen Beisitzers abzunehmen; dies gilt nicht, soweit eine Bewertung von Prüfungsleistungen nach der Art des Prüfungsverfahrens nicht stattfindet. Dem Prüfling ist nach Abschluß des Prüfungsverfahrens auf Antrag Einsicht in seine Prüfungsakten zu gewähren.

(5)
Bei mündlichen Hochschulprüfungen sind Studenten, die sich zur gleichen Prüfung gemeldet haben, als Zuhörer zuzulassen, sofern der Prüfling bei der Meldung zur Prüfung nicht widerspricht oder sich die Öffentlichkeit nicht wegen der besonderen Eigenart des Prüfungsfachs verbietet. Die Zulassung erstreckt sich nicht auf die Bekanntgabe des Prüfungsergebnisses an den Prüfling.

(6)
Hochschulprüfungen werden aufgrund von Prüfungsordnungen abgelegt, die von den Fachbereichen als Satzungen erlassen werden. In Prüfungsordnungen ist das Prüfungsverfahren abschließend zu regeln, insbesondere

1. die Regelstudienzeit und die sonstigen Voraussetzungen für die Zulassung zu den Prüfungen,
2. Zweck, Dauer und Verlauf der Prüfungen,
3. die Zusammensetzung der Prüfungsausschüsse,
4. Art und Umfang der Prüfungsleistungen,
5. die Bewertung der Prüfungsergebnisse und
6. die Wiederholungsmöglichkeiten.

In den Prüfungsordnungen kann bestimmt werden, daß während des Studiums erbrachte Leistungen auf die Prüfungen angerechnet werden können. Rahmenordnungen, die als Richtlinien für die Prüfungsordnungen der Hochschulen im Geltungsbereich des Grundgesetzes beschlossen worden sind, sollen berücksichtigt werden.

(7)
Die Fachbereiche haben Prüfungsanforderungen und -verfahren so zu gestalten, daß die Abschlußprüfung grundsätzlich innerhalb der Regelstudienzeit, spätestens aber sechs Monate nach ihrem Ablauf abgenommen werden kann. Der Kultusminister kann den Fachbereichen Fristen setzen.

(8)
Hochschulprüfungen können abgelegt werden, sobald die für die Zulassung zur Prüfung erforderlichen Leistungen nachgewiesen sind. Die Prüfungsordnungen legen die Fristen für die Mel-

dung zur Prüfung sowie Bearbeitungszeiten für die Anfertigung schriftlicher Prüfungsarbeiten fest. Die Fristen sind so festzulegen, daß unter Berücksichtigung des sich an die Meldung gegebenenfalls anschließenden Prüfungsverfahrens die Zwischenprüfung innerhalb der für sie maßgebenden Regelstudienzeit zuzüglich sechs Monaten und die Abschlußprüfung zuzüglich zwölf Monaten abgelegt sein können.

(9)

Überschreitet ein Student die in der Prüfungsordnung festgelegte Frist für die Meldung zu einer Vor-, Zwischen- oder Abschlußprüfung, wird er aufgefordert, sich zur Prüfung zu melden. Auf seinen Antrag ist ihm eine Nachfrist von sechs Monaten einzuräumen. Bei Vorliegen besonderer Gründe kann eine längere Nachfrist eingeräumt werden. Die Gesamtdauer der Nachfrist darf zwölf Monate nicht überschreiten, wenn der Student die Gründe zu vertreten hat.

(10)

Meldet sich ein Student nach der Aufforderung nicht zur Vor-, Zwischen- oder Abschlußprüfung, ohne eine Nachfrist beantragt zu haben, oder hält er eine ihm gesetzte Nachfrist nicht ein, erlöschen seine Rechte aus der Einschreibung. In Fällen sozialer Härte können ihm mit der Einschreibung verbundene soziale Vergünstigungen für ein weiteres Jahr belassen werden. Ein nach Maßgabe der jeweiligen Prüfungsordnung bestehender Anspruch auf Zulassung zur Prüfung bleibt unberührt. Die Benutzung von Hochschuleinrichtungen soll in dem für die Ablegung der Prüfung erforderlichen Umfang ermöglicht werden.

(11)

Die Entscheidungen nach den Absätzen 9 und 10 trifft das Präsidium. Es kann diese Befugnis in den Fällen des Absatzes 9 auf andere Stellen der Hochschule übertragen.

(12)

Für staatliche Prüfungen gelten die Vorschriften über die Regelstudienzeit (§ 83 Abs. 3, § 84 Abs2) und die Prüfungsfristen (Absätze 8 bis 11) entsprechend. Für den Erlaß von Prüfungsordnungen für staatliche Prüfungen gilt Absatz 6

Sätze 2 bis 4 entsprechend; zuständig ist der Kultusminister, sofern nicht durch Rechtsvorschrift etwas anderes bestimmt ist. Der Kultusminister erläßt die Prüfungsordnungen nach Anhörung der Hochschulen durch Verordnung, insbesondere für Prüfungen, mit deren Bestehen Voraussetzungen des Laufbahnrechts für Beamte erfüllt werden. Der Kultusminister wird ermächtigt, für Studiengänge, die mit einer staatlichen Prüfung abgeschlossen werden, durch Verordnung auch Grundsätze für Studienordnungen zu erlassen.

Auszug aus: Hochschulgesetz in der Fassung vom 1.3.1979, S. 63-65

Promotionsordnung

der

Philosophischen Fakultät

der Christian-Albrechts-Universität Kiel

§ 1

Die Fakultät kann auf Grund einer Dissertation und einer mündlichen Prüfung Grad und Rechte eines Doktors der Philosophie (Dr. phil.), ferner den Grad eines Doktors der Philosophie ehrenhalber (Dr. phil. h. c.) verleihen.

I. Voraussetzung für die Zulassung zur Promotion

§ 2

(1) Die Zulassung zur Promotion setzt voraus:

1) Hochschulreife;

2) ein ordnungsgemäßes Fachstudium an einer deutschen wissenschaftlichen Hochschule oder einer als gleichwertig anerkannten ausländischen Hochschule von mindestens acht Semestern, von denen mindestens zwei an der Universität Kiel verbracht sein sollen;

3) Kenntnisse des Lateinischen und Griechischen gemäß § 3;

4) der Bewerber muß würdig sein, einen akademischen Grad zu erwerben.

(2) Über die Anrechnung von sonstigen Studiensemestern auf die nach Absatz 1 Nr. 2 abzuleistende Studienzeit entscheidet der Dekan, in Zweifelsfällen die Fakultät.

§ 3

(1) Für die Promotion sind Lateinkenntnisse erforderlich, die den Anforderungen des Großen Latinums entsprechen. Wenn Zweifel entstehen, ob die Kenntnisse ausreichen, entscheidet die Fakultät.

(2) Bei Bewerbern, die nicht einem Land des europäisch-lateinischen Kulturkreises entstammen, kann anstelle des Nachweises von Lateinkenntnissen der Nachweis von Kenntnissen einer anderen klassischen Sprache (wie Arabisch, Sanskrit, Altchinesisch) gemäß näherer Bestimmung durch die Fakultät treten. Die Fakultät entscheidet in allen Zweifelsfragen.

(3) Für Lateinische Philologie und Alte Geschichte als Haupt- und als Nebenfach, für Philosophie, Klassische Archäologie und Indogermanische Sprachwissenschaft als Hauptfach sind Kenntnisse des Griechischen erforderlich, die den Anforderungen des Graecums entsprechen.

(4) Für die Anfertigung einer Doktorarbeit kann der Nachweis ausreichender Kenntnisse auch in anderen Sprachen verlangt werden.

(5) Die Fakultät kann Ausnahmen von diesen Bestimmungen zulassen. (. . .)

V. Die mündliche Prüfung

§ 12

Ist die Dissertation angenommen, so setzt der Dekan den Termin für die mündliche Prüfung fest. In der vorlesungsfreien Zeit werden in der Regel keine Doktorprüfungen abgehalten.

§ 13

(1) Der Dekan bestellt für das Hauptfach einen oder zwei Prüfer, darunter den Referenten, für die Nebenfächer je einen Prüfer, außerdem für jedes Fach einen Beisitzer.

(2) Der Dekan lädt die engere Fakultät sowie die Prüfer, Beisitzer und Berichterstatter zu der Prüfung und zu der Schlußsitzung (§ 15) ein.

§ 14

(1) Die Prüfung soll im Hauptfach im allgemeinen 60 Minuten dauern, in jedem der beiden Nebenfächer 30 Minuten. Jedes ständige Mitglied der engeren Fakultät ist berechtigt, bis zur Dauer von 10 Minuten den Bewerber zusätzlich zu prüfen.

(2) Über jede Prüfung wird ein kurzes Protokoll geführt, das Prüfer und Beisitzer unterzeichnen.

§ 15

(1) In der Schlußsitzung werden das Prädikat für die Dissertation und die Prädikate für die mündliche Prüfung sowie die Gesamtnote, wenn notwendig durch Abstimmung, festgesetzt. Sie sind in das Protokoll und in das Doktoralbum einzutragen.

(2) Es werden folgende Prädikate erteilt:

für die Dissertation:

ausgezeichnete wissenschaftliche Leistung	(opus eximium)
sehr gute wissenschaftliche Leistung	(opus valde laudabile)
gute wissenschaftliche Leistung	(opus laudabile)
genügende wissenschaftliche Leistung	(opus idoneum);

für die mündliche Prüfung und für die Gesamtleistung:

mit Auszeichnung	(summa cum laude)
sehr gut	(magna cum laude)
gut	(cum laude)
genügend	(rite)
nicht genügend.	

(3) Die mündliche Prüfung ist bestanden, wenn der Bewerber in allen drei Fächern mindestens das Prädikat „genügend" erzielt. Ein „nicht genügend" in einem Nebenfach kann mit Zustimmung des Prüfers dieses Faches durch gute Leistungen in einem anderen Fach ausgeglichen werden.

(4) In der Schlußsitzung sind alle vom Dekan Geladenen, auch wenn sie nicht zur engeren Fakultät gehören, stimmberechtigt. Beschlußfähigkeit ist in jedem Fall gegeben.

§ 16

Nach der Schlußsitzung wird dem Bewerber das Ergebnis der Prüfung mitgeteilt. Hat er bestanden, so wird er durch Handschlag nach folgendem Wortlaut verpflichtet:

„Ich verpflichte mich, den akademischen Grad, den mir die Fakultät verleihen wird, in Ehren zu halten und nach bestem Wissen und Gewissen die Wahrheit zu suchen und zu bekennen."

§ 17

(1) Ist die mündliche Prüfung nicht bestanden, so kann sie einmal wiederholt werden, jedoch nicht vor Ablauf eines Semesters und spätestens nach zwei Semestern.

(2) Besteht der Bewerber die mündliche Prüfung auch bei der Wiederholung nicht oder legt er sie nicht innerhalb der gesetzten Frist ab, so ist die ganze Prüfung nicht bestanden.

(3) Die mündliche Prüfung gilt als nicht bestanden, wenn der ordnungsgemäß geladene Bewerber der mündlichen Prüfung fernbleibt, ohne ausreichende Entschuldigungsgründe nachweisen zu können.

VI. Veröffentlichung der Dissertation

§ 18

(1) Nach bestandener Prüfung hat der Bewerber die Dissertation nach Vornahme der von der Fakultät verlangten Änderungen drucken oder vervielfältigen zu lassen. Die Erlaubnis hierzu erteilt der Dekan nach Anhörung der Berichterstatter. Die Korrekturbogen oder ein Probeabzug der Dissertation sind dem Referenten zur Kontrolie vorzulegen. Hat der Bewerber nicht binnen Jahresfrist die Druckerlaubnis erhalten, gilt die Prüfung als nicht bestanden. In Ausnahmefällen kann der Dekan eine Verlängerung dieser Frist genehmigen.

(2) Von der vervielfältigten Dissertation sind innerhalb eines Jahres nach Erteilung der Druckerlaubnis 150 Exemplare abzuliefern. Erscheint die Dissertation als selbständige Veröffentlichung im Buchhandel, als Monographie in einer Schriftenreihe oder (im wesentlichen ungekürzt) als Aufsatz in einer wissenschaftlichen Zeitschrift, dann sind 30 Exemplare bzw. Sonderdrucke an die Fakultät abzuliefern. Bei besonders kostspieliger Herstellung kann der Dekan die Anzahl der Pflichtexemplare herabsetzen.

(3) Versäumt der Bewerber die in Absatz 2 festgesetzte Frist, so erlöschen alle durch die Prüfung erworbenen Rechte. Der Dekan kann in besonderen Ausnahmefällen die Frist verlängern, jedoch insgesamt höchstens um zwei weitere Jahre.

(4) Nähere Vorschriften über die Vervielfältigung von Dissertationen enthält ein Merkblatt, das dem Doktoranden bei der Einreichung seiner Dissertation ausgehändigt wird.

(5) Der Dekan händigt die Promotionsurkunde bereits vor Ablieferung der Pflichtexemplare aus, wenn der Bewerber nachweist, daß er das zur Vorbereitung der Drucklegung Erforderliche getan hat und die Dissertation fest zum Druck angenommen worden ist, die Drucklegung jedoch aus

Gründen, die er nicht zu vertreten hat, voraussichtlich erheblich längere Zeit als ein Jahr nach Bestehen der mündlichen Prüfung in Anspruch nehmen wird. Entsprechendes gilt, wenn sich die Drucklegung überhaupt als nicht durchführbar erweist.

VII. Vollziehung der Promotion

§ 19

(1) Nach Ablieferung der Pflichtexemplare wird die Promotion durch Aushändigung der Promotionsurkunde vollzogen. Die Promotionsurkunde wird in deutscher Sprache unter Hinzufügung der lateinischen Prädikate ausgefertigt. Auf Verlangen kann eine lateinische Fassung ausgestellt werden, deren Kosten dem Bewerber zur Last fallen. Neben der Originalurkunde werden zwei beglaubigte Abschriften ausgehändigt.

(2) Mit der Aushändigung erwirbt der Bewerber die Berechtigung zur Führung des Doktorgrades. Vor diesem Zeitpunkt darf der Grad in keiner Form, auch nicht als Dr. des., geführt werden. (...)

Auszug aus: Promotionsordnung der Philosophischen Fakultät der Universität Kiel

2. *Fachlich-inhaltliche Anforderungen*

Was die Fachinhalte anbetrifft, deren Erwerb man durch Seminarscheine und Praktika oder sonstige Anforderungen nachweisen muß, wenn man zur Prüfung zugelassen werden will, so stellt dies in der Regel kein Problem dar. Dort, wo man studiert, erfährt man das entweder durch die Kommilitonen, oder man geht in die Studienberatung. Auskünfte darüber erteilt meist auch ein Studienberater am jeweiligen Institut. Ich verweise aber auch auf die Studienordnungen, die – soweit vorhanden – für Sie und Ihr Studium funktional sind.

3. *Menschliche Aspekte*

Wo immer Menschen durch Menschen beurteilt, geprüft, begutachtet und bewertet werden, ist es schwierig, Objektivität im Einzelfall wie im Vergleich des einen mit den anderen zu erreichen. Auch Methoden, die für verschiedene Prüfungen verwendet werden in der Absicht, absolute Objektivität zu erzielen, haben ihre Grenzen, ja, bisweilen verkehren sie noch die Sinnreste von Prüfungen in ihr Gegenteil. Auch in den Kultur- bzw. Sozial- und Geisteswissenschaften muß man mit einer gewissen subjektiven Beurteilung rechnen. Das ist der Grund, weshalb man seinen Prüfer gut kennen sollte. Man muß mit ihm sozusagen menschlich zurechtkommen können. Jeder kennt diese Erfahrung aus seiner Schulzeit. Hier ist guter Rat wirklich teuer. Niemand wird Ihnen die Entscheidung über die Wahl Ihres Prüfers abnehmen können. Es gibt Professoren, die ein sehr gutes Verhältnis zu ihren Kandidaten entwickeln. Sie duzen sich, arbeiten zusammen, laden sich gegenseitig ein usw. Es gibt Professoren, bei denen man nicht promovieren kann, wenn man in seiner Dissertation nicht gehörig aus ihren Werken zitiert. Und es gibt Professoren, die einem nicht hineinreden, einen drei Jahre arbeiten lassen, dann aber strenge Anforderungen stellen. Welcher Prüfer Sie menschlich anspricht, müssen Sie selbst entscheiden. Sie sollten sich jedoch diese Entscheidung nicht leicht machen. Nicht: „Er ist sehr nett" sollte die Stütze Ihrer Entscheidung sein, auch nicht die Tatsache, daß er eines Ihrer Referate besser benotet hat, als Sie es wohl erwartet hatten. Wichtig ist, ob er als Hochschullehrer und Mensch so denkt, so schreibt und so handelt, daß Sie das Gefühl haben: „Hier kann ich mich in jedem Fall bilden, Examen hin, Examen her." Meine Empfehlung lautet nun: Bevor Sie sich entschließen, sich längere Zeit bei einem Professor als Schüler niederzulassen, lesen Sie genau, was er schreibt und geschrieben hat, suchen Sie ihn in seiner Sprechstunde auf. Versuchen Sie, in einer günstigen Gelegenheit auch mal ein zwischenmenschliches Gesprächsthema anzureißen. Erst dann können Sie begründet entscheiden, ob Sie bei diesem Professor oder bei einem anderen Examen machen wollen.

Für jede Prüfung, die Sie zu absolvieren gedenken, müssen Sie bestimmte Voraussetzungen erfüllen. Mindestens drei sollten Sie bedenken:

- 1. Zunächst sollten Sie sich die jeweilige Prüfungsordnung genau anschauen. Darin finden Sie die formal-juristischen Voraussetzungen für die Zulassung zu dieser Prüfung.
- 2. Sodann muß man ja für jede Prüfung Kenntnisse, Fähigkeiten oder Fertigkeiten erworben haben. Über diese inhaltlich-qualifikatorischen Voraussetzungen informieren Sie sich am besten am jeweiligen Institut, an dem Sie studieren. Informieren Sie sich auch über Studienordnungen.

— 3. Schließlich gibt es auch einen menschlichen Gesichtspunkt, der die entscheidende Voraussetzung für den Erfolg in einer Prüfung sein kann. Das ist das menschliche Verhältnis zu dem Prüfer, das ja neben der Lehrer-Schüler-Beziehung existiert.

C. METHODISCHE HINWEISE FÜR WISSENSCHAFTLICHES ARBEITEN

Den Ausführungen in diesem Kapitel liegt eine prinzipielle Erfahrung zugrunde. Sie läßt sich folgendermaßen fassen:

- Eine gute methodische Vorbereitung hilft Ihnen, durch Verhinderung von unnötiger Such- und Doppelarbeit während des Studiums viel Zeit zu sparen.
- Eine gewissenhafte methodische Vorbereitung hilft Ihnen, das Risiko, das in jeder Prüfung steckt, auf ein Minimum zu reduzieren.
- Eine präzise methodische Vorbereitung nimmt Ihnen die Prüfungsangst weitgehend.
- Eine durchdachte methodische Vorbereitung gibt Ihnen Sicherheit und erhöht Ihr Selbstwertgefühl.

Bevor die methodischen Hilfen Schritt für Schritt dargestellt werden, möchte ich einige Beispiele für unsystematische und methodisch nicht vertretbare Examensvorbereitung bringen. Es sind keineswegs Fälle, die ich mir ausgedacht habe, sondern vielmehr Prüfungsverläufe, die ich selbst miterlebt habe. Inwieweit sie typisch sind, mögen Sie selbst beurteilen.

I. Unwege und Umwege

1. *Methodische Naivität*

Dieses Beispiel stammt aus meiner eigenen Biographie. Ich erinnere mich noch lebhaft an eine meiner ersten Prüfungen an der Universität. Diese Prüfung verlief relativ gut, jedenfalls in meinen Augen, aber das Ergebnis fiel für mich trotzdem enttäuschend aus. Ich studierte am Dolmetscher-Institut der Uni-

versität Heidelberg und wollte dort an der Deutschen Abteilung das Diplom in der deutschen Sprache und Kultur machen. Eine Vorlesung über Klassik und Romantik von Prof. Dr. W. M., über die ich mich beim Vordiplom auch prüfen lassen wollte, hatte ich in erster Linie deswegen belegt, weil allgemein bekannt war, daß Prof. M. bei den Studenten das Prädikat „besonders lieb" über Jahre durchgehalten hatte. Keiner, der in seiner Vorlesung saß, hätte glauben können, daß dieser nette Mensch jemals imstande sein könnte, einen Kandidaten durchfallen zu lassen. Die schlimmste Note, die er vergab, war „befriedigend". Am Ende des Semesters gab Prof. M. wichtige Hinweise zur Prüfung. Ein Spezialgebiet für die Vor- und zwei Gebiete für die Diplomprüfung. Ganz „lieb" wies Prof. M. darauf hin, daß er nicht von uns Ausländern erwarte, daß wir alles wissen, was er in seiner Vorlesung behandelt habe. Es genüge, ein Werk auszuwählen und die Vorlesung als „Hintergrundwissen" einigermaßen zu überblicken.

Das klang nicht schlecht. Ich wählte die kürzeste Lektüre, die ich fand. Es war die romantische „Hippystory" Joseph von Eichendorffs: „Aus dem Leben eines Taugenichts". In meiner Ausgabe waren einige biographische Hinweise zu Eichendorffs Leben von dem Herausgeber zusammengestellt. Diese habe ich mir sehr gut gemerkt und bin damit in die Prüfung gegangen.

Das Prüfungsgespräch verlief nach meinem subjektiven Eindruck zumindest so gut, daß ich eine gute bis sehr gute Note erwartet hatte. Ich hatte alle Fragen beantwortet, wußte, wann Eichendorff geboren und gestorben war, daß er auch Gedichte geschrieben hatte und daß er typisch ist für einen Romantiker. Ich wußte detailliert über den Inhalt der „Taugenichtsnovelle" Bescheid. Außerdem war ich wie übrigens der Professor selber – jedenfalls dem Anschein nach – recht begeistert von dieser sorglosen und sorgenfreien Lebensweise. Ist es nicht herrlich? Aus der Not, daß der Vater einen wegen Faulheit aus dem Haus jagt, macht man eine Tugend. Man nimmt seine Geige, wandert ins Ungewisse, spielt ein bißchen, wenn man sich langweilt. Und das Happyend besteht dann darin, daß man eine schöne Braut heimträgt. Einige Fragen des Professors fand ich komisch, z.B. welche Motive in Eichendorffs Werken häufig wiederkehrten, was der sozialkritische Hintergrund für diese romantische Sehnsucht nach der Ferne sei. Bei der Frage, mit welchen Zeitgenossen Eichendorff befreundet war, nannte ich ein paar Namen, an die ich mich aus der Vorlesung zu erinnern glaubte.

Ich bestand natürlich die Prüfung, und zwar mit der Note „befriedigend". Irgendwie verstand ich aber nicht, wieso die anderen Fragen so gewichtig sein sollten. Mein Thema war doch „Joseph von Eichendorff: Aus dem Leben eines Taugenichts".

Ein Jahr danach, bei der Diplomprüfung, verstand ich das. Am Ende der Vorlesung (diesmal war das Thema: Stefan George und Hugo von Hofmannsthal) sagte der Professor wieder ganz lieb, daß man für das Vordiplom ein und für das Hauptdiplom zwei Werke nehmen müsse. Und er fügte hinzu, daß er keine Vorschriften über die Länge der Werke mache, daß man auch keine Angst zu haben brauche, denn bei ihm habe es noch keiner geschafft durchzufallen usw. Das alles war so lieb, wie man es von ihm gewohnt war, und dann fügte er diesen Satz hinzu: „Wenn Sie aber kommen und mir den Inhalt von Eichendorffs ‚Taugenichts' erzählen, dann sage ich: Sie sind ein Taugenichts." Ich habe diesen Satz nie vergessen.

Was war geschehen? Ich hatte mich sehr naiv auf die Prüfung vorbereitet. Die Lektüre einer Novelle ist ja für sich genommen keine Qualifikation; insofern hatte ich mich methodisch gar nicht auf die Prüfung vorbereitet. Ich hatte weder eine Fragestellung entwickelt, noch ein Problem formuliert. Es fehlte an historischen Kenntnissen der literarischen Strömung Romantik. Für eine schlichte Inhaltsangabe und ein paar Lebensdaten, die ich bald darauf vergaß, hatte ich eigentlich eine zu gute Note bekommen. Man könnte es auch aus der Sicht des Prüfers sagen: Ich hatte die schlechteste Note bekommen, die dieser Prüfer zu geben übers Herz brachte.

2. *Bequemlichkeit*

Während meines Pädagogikstudiums war mir Jutta als ein intelligentes Mädchen aufgefallen. Sie war Hiwi, hatte ziemlich lange Erfahrung mit den Professoren, den Assistenten, mit der Bibliothek usw. Kurz: Sie wußte, wie der Hase in Pädagogik lief. Ausserdem war sie politisch recht engagiert.

Ein eiliger Examenskandidat im Nebenfach Pädagogik kam zu ihr und fragte sie, was er schnell als Prüfungsthema nehmen könne. Er habe knapp drei Wochen Zeit und keine Ahnung von Pädagogik. Jutta las gerade ein Buch mit dem Titel „Kibbuzerziehung". Sie empfahl das Buch guten Gewissens und sagte dazu: „Es gibt über Kibbuzerziehung sowieso nur zwei. Wenn man die gelesen hat, weiß man Bescheid." Hinzu kam das Thema „Sprachbarrieren", damals so modisch wie heute etwa „Lehrerangst" oder „Unterrichtsrezepte". Das dritte Thema sollte nun – das war der Wunsch des Prüfers – etwas Historisches sein. Der eilige Kandidat nahm Comenius: „Didactica magna", ein Geheimtip des Assistenten übrigens („gut zu lesen, leicht verständlich"). Die Prüfung war eine einzige Qual. Dreißig Minuten Tortur, ein verdecktes Spiel, bei dem der Kandidat sich emsig bemühte, ein nötiges Minimum an Wissen an den Mann zu bringen, während der Prüfer keine Gelegenheit ausließ, um dem Kandidaten verständlich zu machen, daß er diese Prüfung als Zumutung empfinde. Das Thema „Comenius" führte den Kandidaten viel schneller als kalkuliert ans Ende seines Lateins. Die anderen zwei Themen waren unergiebig. Die Codes von Bernstein waren rasch mit der sozialen Schicht in Verbindung gebracht, die Kibbuzerziehung noch rascher erzählt. Nun blieb Zeit für Fragen und peinlich allgemeine Antworten. Ergebnis der Prüfung: „noch ausreichend", ein

Markenzeichen, das der Kandidat zeit seines Lebens nicht loswerden kann.

Diese zwei Beispiele können unsystematische Prüfungsvorbereitungen illustrieren. Sie sind nicht erfunden. Jeder, der als Prüfungsbeisitzer oder Prüfer Erfahrungen gesammelt hat, verfügt über eine Vielzahl ähnlicher Anekdötchen über Prüfungssituationen. Ihr gemeinsamer Nenner ist nicht schwer zu finden. Meiner Ansicht nach sind die meisten Prüfungen, die für den Prüfungskandidaten und den Prüfer gleichermaßen peinlich sind, entweder durch *naive* oder zu *bequeme* Prüfungsvorbereitung bedingt.

Naiv geht man in die Prüfung, wenn man eigentlich gar nicht reif für sie ist. Die schicken „understatements" eines alten Hochschullehrers nimmt man beim Wort. Man liest seine 100 Seiten und macht sich kaum Vorstellungen darüber, welche Fragen sozusagen in Frage kommen. George Herbert Mead hat einmal die Intelligenz als die Fähigkeit bestimmt, sich in die Situation eines anderen Menschen zu versetzen, dessen Rolle zu übernehmen oder vorwegzunehmen, was er denken, wie er handeln würde. Jede Prüfung ist eine Interaktion, keine Einbahnstraße, auf die man sich naiv begibt und auf der man immer fortfahren kann. Naive Prüfungsvorbereitungen beruhen auf einem methodischen Verständnis, bei dem der Mißerfolg bereits vorprogrammiert ist. Es gehört schon viel Glück, Geistesgegenwart und vor allem Einfühlungsvermögen, Güte und Milde seitens des Prüfers dazu, wenn die Prüfung bestanden werden soll.

Bequeme Prüfungsvorbereitungen unterscheiden sich von den naiven dadurch, daß man weiß, daß man miserabel vorbereitet ist, und zwar deshalb, weil man vielleicht die Mühe einer systematischen Vorbereitung nicht auf sich nehmen wollte („keine Lust") oder nicht nehmen konnte („keine Zeit", „Frau liegt mit Zwillingen in der Klinik", „da ist mir ein toller Job angeboten worden" etc.). In solchen Fällen geht man immerhin mit dem Bewußtsein in die Prüfung, daß man schlecht vorbereitet ist. Der Prüfer merkt dann, daß der Kandidat in übertriebener Weise taktiert, aus den Werken des Prüfers fast wörtlich zitiert u.ä.m. Man spürt förmlich, wie der Kandidat eine eigene Meinung allmählich und vorsichtig aufbaut, eine These aus der Literatur referiert und bei der Frage nach der Bewertung oder Einschätzung dieser These in Ermangelung fundierter Einschätzungen aus der Literatur und vor allem infolge der oberflächlichen Prüfungsvorbereitung jede noch so leise Andeutung des Prüfers aufnimmt, um ja nur die Meinung zu vertreten, die dem Prüfer genehm ist. Während der naive Prüfungskandidat häufig den Blickkontakt mit dem Prüfer meidet und nach links unten auf die (Stuhl)Beine starrt, sucht der bequeme Prüfungskandidat, den Prüfer soviel wie möglich zu Wort kommen zu lassen. Er sucht Blickkontakt, um zu erraten, wie das eingeschätzt wird, was er gerade sagt. Häufig reagiert er auf die Körpersprache des Prüfers. Wenn der Prüfer z.B. den Kopf langsam nach links und rechts neigt und dabei die Unterlippe vorschiebt, vielleicht sogar die Nase rümpft, dann gibt er den Kommentar: „Ich finde die Theorie in ihrer Tendenz ganz in Ordnung, aber einiges leuchtet mir doch nicht ein, viele Begriffe bleiben unklar. Vor allem frage ich mich, wie ich das in der Praxis umsetzen soll ...".

II. Effektive Wege zur wissenschaftlichen Arbeit

Im vorausgegangenen Abschnitt (I) wurden Unwege bzw. Umwege beschrieben. Sie führen meist zu unangenehmen Prüfungssituationen. Will man sie vermeiden, muß man sich für systematische Prüfungsvorbereitung entscheiden. Welche Wege sich hier als effektiv anbieten, davon handeln die Teile 1 und 2 dieses Abschnittes. Teil 1 befaßt sich mit Ordnungssystemen. Jede systematische Arbeit, ob in der Wissenschaft oder Verwaltung, in der Industrie oder im Bankwesen funktioniert nur, wenn ein gewisses Ordnungssystem eingehalten wird. Teil 2 befaßt sich mit Techniken des Lesens. Das ist nötig, sonst ertrinkt man in der Literaturflut.

1. Das Handwerkliche der wissenschaftlichen Arbeit

Zu jedem Beruf gehört ein gewisses handwerkliches Können. Hat man ein Handwerk gelernt, so weiß man, was das ist. Der Ausdruck wird kaum für Berufe verwendet, die überwiegend mit abstraktem Wissen bzw. mit Theorien zu tun haben. Dennoch scheint es mir berechtigt, auch hier vom „Handwerklichen" zu sprechen. Den Ausdruck verdanke ich Werner Loch. Das

Handwerkliche meint die Gesamtheit der Maßnahmen, die man bei der wissenschaftlichen Arbeitsweise beherrschen muß, will man das Resultat seiner Arbeit sauber, präzise und den wissenschaftlichen Standards entsprechend vorlegen. Ein Beispiel: Man liest für ein Referat zwei Monographien und drei Aufsätze, macht sich Notizen und schreibt dann seinen Text. Und nun will man die Zitate nachprüfen. Dabei stellt man fest, daß man vergessen hat, beim Exzerpieren die Seitenzahlen aufzuschreiben. Nun beginnt eine ärgerliche Sucharbeit. Mag sein, daß solche Kunstfehler bei einem Referat nicht so sehr ins Gewicht fallen. Bei einer größeren Arbeit (Promotion, Magister- oder Diplomarbeit) ist es mühsam und zeitaufwendig. Daher ist es unbedingt notwendig, das Handwerkliche des wissenschaftlichen Arbeitens zu beherrschen. Denn es zeigt dem Leser, inwieweit der Student an der Hochschule gelernt hat, Texte, d.h. Gedankengut, Ideen, Thesen, Beweismittel usw. in einwandfreier Form zu übernehmen, seine eigenen Gedankenschritte in Übereinstimmung mit ihnen oder in Abhebung gegen sie differenziert zu vollziehen und in treffenden Formulierungen zum Ausdruck zu bringen. Insofern ist das Handwerkliche die Basis aller wissenschaftlichen Arbeit, auf der alles andere aufbaut. Da die Examensvorbereitung eine wissenschaftliche Arbeit ist, scheint es mir unerläßlich, die methodische Vorbereitungshilfe damit zu beginnen. Die Examensvorbereitung ist nicht eine Sache, die erst im 7. oder 9. Semester aktuell wird.

1.1. Ordnungssysteme: Karteikasten, Aktenordner, Bibliothek

Der wichtigste Grundsatz dieses Abschnitts lautet: Versuche, möglichst ökonomisch zu arbeiten, d.h. Arbeit zu sparen. Wie kann man das?

Zur handwerklichen Grundausrüstung jedes Studenten gehören meiner Meinung nach folgende Materialien: Ein Karteikasten für 500 Karten der Größe DIN A 6; 500 Karteikarten, sodann 5 Leitz-Ordner mit breitem Rücken DIN A 4 (Bestell Nr. 1010) mit ca. 50 Trennblättern derselben Größe.

Nehmen wir an, ein Student verzettelt sich nicht. Er besucht nicht zu viele Vorlesungen und Seminare in einem Semester, und auch nicht zu wenige. Er bereitet seine Lehrveranstaltungen sehr gut vor und ebensogut nach. Wäre er nicht theore-

tisch (wohlgemerkt nur theoretisch) schon nach wenigen Semestern soweit, sich zum Examen zu melden?

Den Karteikasten kann man durch dicke DIN A 6 Karten in 5 bis 10 Rubriken unterteilen, z.B.: Allgemeine Didaktik, Sozialisation, Romantheorie, Lerntheorien usw. Für diesen Zweck nimmt man einen Satz alphabetisches Register der Größe DIN A 6. Man schreibt die Gebiet auf ein Selbstklebeetikett (oder schneidet das Papier selbst in Streifen) und klebt diesen Streifen über den Buchstaben der Registerkarte. Das sieht dann so aus

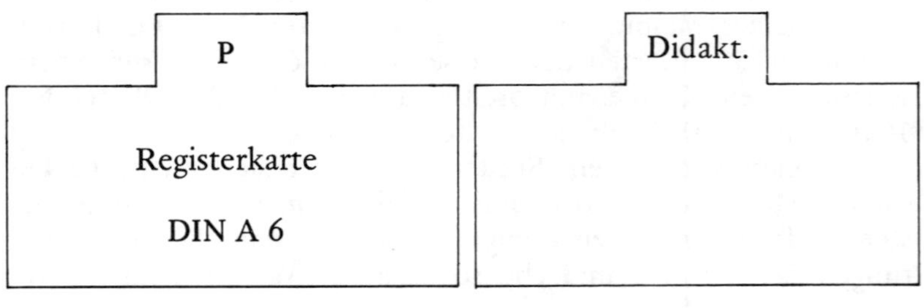

Die in den Lehrveranstaltungen oder sonst empfohlene Literatur wird auf eine Karteikarte notiert, und zwar vollständig, z.B.:

H. Blankertz: Theorien und Modelle der Didaktik. München 1969, ^{11}1980 (Juventa).

Es ist auch üblich, zuerst den Nachnamen zu schreiben und den abgekürzten Vornamen, durch ein Komma getrennt, folgen zu lassen. Bei mehr als zwei Autoren pflegt man nur den ersten Autor zu nennen und die restlichen durch u.a. (das bedeutet: und andere bzw. lateinisch et al.) zu kennzeichnen. Das ist zwar gegenüber diesen Autoren ungerecht, zumal nicht immer die meiste Arbeit auf den fällt, dessen Name glücklicherweise mit A oder B beginnt, aber trotzdem ein geläufiges Verfahren, also z.B.:

K. Frey u.a. (Hrsg.): Curriculum-Handbuch. 3 Bde. München und Zürich 1975 (Piper).

Wichtig ist, daß die Interpunktion aller Literaturangaben in sich stimmig ist. Es ist im Prinzip gleichgültig, ob man zwischen dem Autorennamen und dem Titel ein Komma, einen Doppelpunkt oder einen einfachen Punkt macht, ob man den Verlag nennt oder nicht. Entschließt man sich jedoch für einen Modus (z.B. den Verlag anzugeben und zwischen Namen und Titel einen Doppelpunkt zu machen), so sollte man ihn durchgehend einhalten. Diese Regel ist, wie viele Hinweise in diesem Buch, lediglich eine Empfehlung. Es gibt auch andere Formen, z.B.:

P. Heimann/G. Otto/W. Schulz: Unterricht – Analyse und Planung. Hannover 1965, ^{8}1976 (Schroedel).

Wenn es sich um einen Sammelband handelt, den ein oder mehrere Herausgeber besorgt haben, so darf man nicht vergessen, hinter dem oder den Namen kenntlich zu machen, daß es sich um den oder die Herausgeber des Bandes handelt:

I. Dahmer/W. Klafki (Hrsg.): Geisteswissenschaftliche Pädagogik am Ausgang ihrer Epoche – Erich Weniger. Weinheim 1968 (Beltz).

Soviel zum Bibliographieren von Literatur in Buchform. Es gibt aber auch Artikel, die in Zeischriften bzw. Sammelbänden oder

Festschriften (das ist ein Geburtstagsgeschenk für einen bedeutsamen Lehrer) erscheinen. Diese bibliographiert man so:

> G.G. Hiller: Ebenen der Unterrichtsvorbereitung. In: B. Adl-Amini/ R. Künzli (Hrsg.): Didaktische Modelle und Unterrichtsplanung. München 1980, ^{2}1981 (Juventa), S. 119-141.

Bei Zeitschriften bibliographiert man ähnlich, nur die Zeitschrift wird meist abgekürzt, z.B.:

> P. Heimann: Didaktik als Theorie und Lehre. In: DDS 54 (1962), S. 407-427.

Die Angabe des Verlages entfällt. Die Zahl 54 bezieht sich auf die Bandnummer. Sie zeigt an, seit wievielen Jahren diese Zeitschrift erscheint. Man kann also zurückrechnen und feststellen, daß der erste Band der Zeitschrift „Die Deutsche Schule" rein rechnerisch im Jahre 1908 (62 minus 54) erschienen sein muß. Daß es aus verschiedenen Gründen (Kriegsausbruch, Wirtschaftskrisen etc.) zu zwischenzeitlicher Einstellung der Publikation kommen kann, ist klar.* Nach diesen bibliographischen Hinweisen** nun zurück zu unserer Kartei. Auf jeder Karteikarte wird prinzipiell nur eine Literaturangabe aufgenommen. Oben rechts auf jede Karte schreibt man die Rubrik, in die sie hineingehört. Hier kann man für sich eigene Abkürzungen ausdenken, z.B. Sth für Schultheorie, Did für Allgemeine Didaktik, GR für Grundschule, Anth für Anthropologie usw. Das verhindert, daß die Karten durcheinandergeraten. Man kann statt der Abkürzungen auch eine Nummer nehmen, z.B. 1 für Anthropologie, 2 für Schulpädagogik, 3 für Lerntheorien usw., vorausgesetzt, man verlegt den dafür bestimmten Schlüssel nicht. Ich persönlich habe mit Abkürzungen bessere Erfahrungen gemacht. Nun werden innerhalb jeder Rubrik die sich nach und nach oder systematisch ansammelnden Karteikarten alphabetisch eingeordnet. Ein kurzer Blick in den Karteikasten zeigt schon an, ob der Besitzer in 12 Gebieten

---

* Der erste Band der DDS erschien im Jahre 1897.

** Wer sich über die Form der wissenschaftlichen Arbeit näher informieren will, dem empfehle ich: Ewald Standop: Die Form der wissenschaftlichen Arbeit. Heidelberg, 5. Aufl. 1973 (Quelle & Meyer; UTB). Weitere Literatur vgl. G. 2.

jeweils nur einige Stunden verweilt hat oder ob er in drei Gebieten in die Tiefe gegangen ist.

Der nächste Punkt, was das Handwerkliche anbetrifft, ist das sinnvolle Anlegen von Aktenordnern. Sie müssen aufpassen, daß Ihr Zimmer nicht nach und nach wie das Arbeitszimmer eines Verwaltungsbürokraten aussieht. Aktenordner schaffen irgendwie eine bürokratische Atmosphäre. Auf jeden Fall wird dieser Eindruck gemindert durch die Auswahl der Farbe. Ich persönlich bevorzuge die roten Leitzordner, bei denen man den Beschriftungszettel am Ordnerrücken aus der Plastikhülle herausnehmen kann. Der Vorteil dieses Systems ist, daß man die Beschriftungszettel (Bestellnr.: Leitz 1010 Plastic-Color P 80) nachkaufen kann, falls man den Inhalt des Ordners Sozialisation oder Schulpädagogik eines Tages durch – sagen wir – Alternativschulen oder Ausländerpädagogik ersetzen wollte.

Was im Karteikasten durch Rubriken erreicht wird, kann man hier durch Trennblätter erreichen. Man kopiert die Beiträge, die man haben und einordnen will, aus Zeitschriften und Sammelbänden. Nehmen wir an, jemand will sich über Allgemeine Didaktik prüfen lassen. Nachdem er sich für eine sinnvolle Einschränkung des Themas auf – sagen wir – drei Theorien entschieden hat, legt er einen Ordner an. Er kopiert die wichtigsten Aufsätze dieser drei theoretischen Richtungen und ordnet sie in seinen Leitz-Ordner ein. Mit zwei Trennblättern (genaue Bezeichnung: Trennblätter – gelocht zum Ausschneiden von Registertasten) hat er alles übersichtlich in einem Ordner versammelt. Auch hier gewährt ein flüchtiger Blick schon, ob jemand sich mit einem der drei theoretischen Ansätze intensiver beschäftigt hat.

Der dritte Punkt des Handwerklichen ist die Bibliothek, deren Aufbau und Einteilung, Systematik und Anordnung vielen Studenten nicht hinreichend vertraut zu sein scheinen. Für eine Bibliothek müssen Sie sich einfach eine Woche Zeit nehmen. Das zahlt sich später in jedem Fall aus. Ich empfehle Ihnen, folgendermaßen vorzugehen:

1. Lassen Sie sich von einem Hiwi, der sich in der Bibliothek des Institutes auskennt, zunächst einmal zeigen, wo was steht. Dabei wird es nicht möglich sein, sich alles zu merken. Das macht aber gar nichts, es geht zunächst um den „Geruch“ der Bibliothek, der schon so manchen zum Bücherwurm gemacht

hat. Merken müssen Sie sich bei diesem ersten Rundgang, den übrigens einige Institute für Studienanfänger zu Beginn jedes Semesters anbieten, wenigstens das: Wo stehen die Nachschlagewerke? Wo stehen die Zeitschriften? Wie funktionieren die Karteisysteme: der systematische und der alphabetische Katalog und das Schlagwortregister?

2. Lassen Sie sich als nächstes die Systematik geben, nach der die Bücher eine Signatur bekommen. Es lohnt sich, diese Systematik (bisweilen auch Gliederung, Aufbau o.ä. genannt) zu kopieren.
3. Studieren Sie sie jeden Tag, indem Sie einen Blick darauf werfen. Dadurch prägt sich Ihnen mehr ein, als Sie glauben. Ein sehr einfallsreicher Student hatte sie bei sich im Klo aufgehängt. Das ist Geschmacks- und Temperamentsache. Ich empfehle als geeigneten Platz die Wand am Schreibtisch oder am Bett, nicht nur der Seriosität wegen, sondern in der Annahme, daß der „normale" Student länger am Schreibtisch sitzt.
4. Nehmen Sie sich in den Semesterferien eine Woche Zeit und gehen Sie jeden Tag in die Bibliothek. Auch wenn Sie sich dabei lang- und längerweilen, verweilen Sie trotzdem bei jedem Gebiet, nehmen Sie einige Bücher mit ähnlichen Titeln heraus, blättern Sie in jedem Buch, lesen Sie in jedem einige Passagen aus verschiedenen Teilen, vergleichen Sie ihre Inhaltsverzeichnisse. Interessieren Sie sich besonders für ein Gebiet, so versäumen Sie nicht, im systematischen Katalog unter der entsprechenden Rubrik bzw. Nummer sich die Karteikarten genüßlich durch die Finger gleiten zu lassen.

Institut für Pädagogik

MUSTER

Gliederung der Institutsbibliothek

1. Allgemeine Nachschlagewerke
2. Wissenschaftliche Handbücher
3. Bibliographien
4. Forschungsmethoden und Statistik
5. Wissenschaftstheorie

10. Philososophie
11. Anthropologie
12. Soziologie/Politologie/Ökonomie
13. Psychologie/Psychoanalyse
14. Linguistik/Informationstheorie/Kommunikationsforschung
15. Verhaltensforschung

20. Allgemeine Erziehungstheorie
21. Lerntheorie (einsch. Leistungsmessung, Tests usw.)
22. Sozialisationstheorie
23. Theorie der Altersstufen
24. Gruppe/Gruppendynamik
25. Lernhemmungen

30. Bildungspolitik/Bildungsplanung/Bildungsökonomie
31. Kindergarten/Vorschule
31.1 Spiel
32. Schule (einschl. Berufsschule)
33. Hochschule und Hochschuldidaktik
34. Lehrerbildung
35. Bildungswesen des Auslands/Internationale Vergleiche

40. Familie
41. Berufspädagogik/Arbeitslehre/Polytechnische Bildung
42. Sozialpädagogik (einschl. Kriminalpädagogik)
43. Sexualpädagogik/Hygiene
44. Erwachsenenbildung
45. Heilpädagogik
46. Freizeit
47. Akkulturationspädagogik (Kinder ausländ. Arbeitnehmer in der BRD)

50. Curriculum-Forschung/Lehrpläne
51. Allgemeine Didaktik
52. Fachdidaktik: Sprache und Literatur
52.1. Schulbücher Deutsch
53. Fachdidaktik: Politische Bildung/Geschichte/Georgraphie
53.1. Schulbücher Politische Bildung/Geschichte/Geographie
54. Fachdidaktik: Mathematik/Naturwissenschaften
55. Fachdidaktik: Kunst/Musik
56. Fachdidaktik: Theologie/Philosophie/Pädagogik
57. Fachdidaktik: Leibeserziehung
58. Fachdidaktik: Arbeitslehre/Polytechnische Bildung
59. Fachdidaktik: Mediendidaktik/Medien/Programmierter Unterricht

60. Belletristik
61. Ökologie

70. Geschichte der Pädagogik: Gesamtdarstellungen
71. Antike
72. Mittelalter
73. Aufklärung
74. 19. Jahrhundert
75. Reformpädagogik
76. Sozialismus/Kommunismus
77. NS-Pädagogik
78. Geisteswisssenschaftliche Pädagogik
79. Schul- und Hochschulgeschichte
80. Dissertation und Diplomarbeiten
81. Praktikumsberichte
90. Festschriften
95. Biographien
100. Schulbücher
200. Zeitschriften

2. *Techniken des Lesens*

Es gibt eine gesunde und völlig natürliche Einstellung zum Lesen, die schlicht darin besteht, daß man Bücher und Artikel von vorn bis hinten liest. Ich habe diese Einstellung bei vielen Studenten in den ersten Semestern beobachten können. Diese natürliche Einstellung beruht vielleicht auf der Überzeugung, daß Bücher von vorn nach hinten geschrieben werden; das ist im Prinzip nicht falsch. Wer nun selber Artikel oder Bücher im philosophisch-sozialwissenschaftlichen Bereich schreibt, macht aber eine seltsame Erfahrung. Sie besteht darin, daß man bei einer wissenschaftlichen Arbeit sowohl von hinten nach vorn wie von vorn nach hinten schreibt. Man entwickelt zunächst eine diffuse Zielvorstellung und hält sie vielleicht auf drei DIN A 4 Seiten fest. Das ist gleichsam das Ergebnis dessen, was man noch gar nicht entfaltet hat. Dann geht man Schritt für Schritt vor, wobei man häufig feststellt, daß man einen Schritt ausgelassen hat, also zurückgeht, um die logische Lücke zu füllen. Und schließlich, nachdem alles entwickelt und geschrieben ist, stellen sich die drei Seiten, die man zu Anfang hatte, als recht mager heraus; also setzt man sich wieder hin und entwickelt diese drei Seiten aus der Perspektive des bereits geschriebenen. Mir persönlich ist bei der ersten größeren Arbeit, die ich schrieb (es war eine Diplomarbeit), so ergangen, daß ich am Ende zu ganz neuen Schlußfolgerungen kam. Dieses Phänomen kennt man vor allem aus der literaturwissenschaftlichen Erkenntnistheorie und hat es „hermeneutischen Zirkel" genannt: Das ganze hat man erst, wenn man alle Teile hat; und zugleich ist es nicht möglich alle Teile zu haben, denn dies setzt immer das Ganze voraus. Wenn man sich diese Entwicklung als einen dynamischen Prozeß denkt, der sich im Akt des Schreibens entwickelt, sich immer wieder modifiziert, um schließlich gewissermaßen der eigenen Logik zu folgen, so wird klar, daß Bücher nicht linear entstehen. Es gibt kein Buch, das nicht einmal von vorn nach hinten und dann von hinten nach vorn (um)geschrieben worden wäre. Ich glaube das zumindest von allen philosophisch-sozialwissenschaftlichen Arbeiten. Deshalb kann ich Leuten, denen das Schreiben schwer fällt, empfehlen: Wartet nicht so lange, bis Euch *die* Idee einfällt, und zwar in ihrer Gesamtheit wie detaillierten Ausführung.

Wenn es aber richtig ist, daß der hermeneutische Zirkel des Verstehens sich immer wieder neu bilden muß, daß eine Veränderung in den Teilen bereits andere Tendenzen im Ganzen bewirken kann, so läßt sich daraus für unsere handwerklichen Zwecke die Schlußfolgerung ziehen, daß man wissenschaftliche Bücher auch von hinten nach vorn lesen kann. Was bringt das?

Studenten in den Anfangssemestern werden oft das Gefühl nicht los, daß sie es nie schaffen können, daß sie ein Buch angefangen, das zweite gekauft, das dritte geliehen haben, und schon empfiehlt der Professor weitere vier in jeder neuen Seminarstunde. Diese Literaturüberflutung, die die Studenten im älteren Semester dann als Zeichen fachwissenschaftlicher Bildung zu deuten sich gewöhnen, führt zu seltsamen Sprachgepflogenheiten. Man redet z.B. nur noch in Titeln und Schlagwörtern, man verweist ständig auf irgend etwas oder irgend jemanden. Was aber denkt oder sagt man selber?

Die Literaturüberflutung kann zu erheblichen psychischen Belastungen, zu Minderwertigkeitskomplexen führen, ja, sie kann sich lähmend auf einen durchaus intelligenten Menschen auswirken. Das Gefühl „ich werde es nie schaffen, ich bin zu dumm!" ist für mich ein so unvergeßliches Hochschulerlebnis, daß ich zugebe, es beim besten Willen nicht verdrängt haben zu können.

Angesichts der Wirklichkeit in unseren Hochschulen und dem Minimum an Bereitschaft, hochschuldidaktische Maßnahmen zu ergreifen, sehe ich keine andere Möglichkeit, als Ihnen zu raten, Ihre natürliche Einstellung zum Lesen allmählich zugunsten von funktionalen Lesemethoden aufzugeben.

Funktionales Lesen hat einen Bezug zu dem, was man zu tun vorhat. Es bedeutet nicht oberflächliches Lesen oder ungenaues Querdurchlesen. Ich möchte das betonen, damit keine Mißverständnisse entstehen. Funktionales Lesen ist ein problembewußtes und auf ein Problem hin suchend angelegtes Sammeln von Informationen. Ohne einen bestimmten Rahmen, in den man Informationen einordnen könnte, zerfließen Informationen. Vielleicht kann ich an einem Beispiel klarmachen, was gemeint ist, bevor ich das funktionale Lesen näher darstelle. Wenn Sie einen Krimi lesen, dann liegt es auf der Hand, daß Sie die Spannung, die Schritt für Schritt erzeugt und einem Höhepunkt zugeführt wird, wie in einem Spiel miterleben. Sie beachten die Spielregel, die Ihnen den Gruselgenuß verspricht. Würden Sie nach dem ersten Drittel schon einen Blick in das letzte Kapitel werfen, dann vergäben Sie sich damit das, was Sie als Krimileser eigentlich erwarten: Spannung, die sich bis zum Zerreißen steigert. Flüstert man einem echten Krimileser ins Ohr: ,,Der Gärtner ist der Mörder", so kann er im Grunde auf die Weiterlektüre verzichten.

Zusammengefaßt: Der Krimileser liest funktional, wenn er von vorn nach hinten, sozusagen Seite für Seite und Zeile für Zeile liest. Es gibt für ihn im Grunde keine andere Wahl. Würde er einige Kapitel überspringen, dann läse er dysfunktional.

Nun verhält es sich mit der wissenschaftlichen Literatur nicht immer so wie mit einem Kriminalroman. Ich lasse dabei außer Acht, daß auch Agatha Christie bei der Konzipierung ihrer Romane mit wissenschaftlicher Präzision vorgegangen ist, die logischen Glieder lückenlos aneinander gehängt hat usw. Vielmehr geht es mir darum klarzumachen, daß man z.B. nicht die ganze Geschichte des abendländischen Lehrplans, wie sie Josef Dolch in einem hervorragenden Buch dargestellt hat (J. Dolch: Lehrplan des Abendlandes. Zweiundhalb Jahrtausende seiner Geschichte. Ratingen ^{2}1965 (Henn)) studiert haben und alles parat haben muß, wenn man sich einen Einblick in die wichtigsten Richtungen der Lehrplantheorie im 20. Jahrhundert zu verschaffen gedenkt. Natürlich hat jede Lehrplantheorie ihre historische Dimension, aber man muß nicht immer bei Adam und Eva anfangen, wenn man etwas über den Menschen sagen will. Sie müssen zwar wissen, daß es das Buch von J. Dolch gibt, auch einen Blick hineingeworfen haben. Sofern Sie aber nicht den Lehrplan der Antike als Spezialgebiet haben, müssen Sie es nicht von vorn bis hinten durchlesen. Funktionales Lesen ist also auf eine bestimmte Intention bezogen. Wenn man die Absicht hat, sich von eiskaltem Gruselschauder durchrieseln zu lassen und die Spannung detailliert auszukosten, dann handelt man gegen seine eigene Intention, wenn man einen Krimi von hinten nach vorn liest. Für die Lektüre von wissenschaftlichen Werken bedeutet das: Wenn man aus einem Buch eine bestimmte Information für seine These, sein Referat oder eine größere Arbeit braucht, dann ist es in der Regel nicht unbedingt notwendig, das ganze Buch zu lesen. Man muß zwar wissen, was in dem Buch steht, aber man kann durchaus funktional vorgehen und schwerpunktmäßig rezipieren.

Mir ist durchaus bewußt, daß gute und ehrenvolle Hermeneuten sich bei einer solchen Empfehlung bekreuzigen, aber nach meinen Erfahrungen lesen die meisten Hermeneuten selbst nicht anders. Ich kenne Professoren mit meterweiten Publikationen, die neue Bücher prinzipiell danach beurteilen, wie oft sie zitiert sind, wieviele ihrer Werke im Literaturverzeichnis aufgeführt sind und dergleichen schulbildenden Gesichtspunkte mehr, die zwar in der Geschichte jeder Wissenschaft zu finden sind, weil sie zum – sagen wir – Selbsterhaltungstrieb von Paradigmen (im Sinne Thomas S. Kuhns) gehören. Aber der Zweck der Wissenschaft ist nicht die Befriedigung der Eitelkeit von begabten Menschen, die sich um jeden Preis verewigen oder verklassifizieren wollen, sondern vielmehr der Fortschritt an Erkenntnissen, die „dem guten Leben" dienen. So gesehen, hat der berühmte Biologiedidaktiker Gerhard Schaefer völlig recht, wenn er sagt, daß die meisten Wissenschaftler sich gegen ihre eigene Vervollkommnung wehren, wenn sie am liebsten nur ihre eigenen Einsichten zulassen.*

---

* Alexander Lowen schließt das 4. Kapitel seines Buches: Bioenergetik. Therapie der Seele durch Arbeit mit dem Körper. Reinbek 1979 (Rowohlt) mit dem Satz: „Das Dasein der meisten Menschen ist von der Angst davor geprägt, ihr Leben voll zu entfalten" (S. 115).

Es gehört zur gesunden wissenschaftlichen und ökonomischen Arbeitsweise, daß man in das Register schaut, einen Blick in das Literaturverzeichnis wirft oder gezielt einige Stellen aus den Kapiteln, die einen interessieren und in denen man sich vielleicht besser auskennt, studiert, ehe man sich für die A-bis-Z-Lektüre entscheidet. Das nenne ich funktionales Lesen. Anders läßt sich mit der Literaturflut nicht fertigwerden. Im folgenden führe ich einige Lesemethoden aus, die mir selbst geholfen haben.

2.1. Hineinschauen

Das kann man üben. Je mehr man sich in einem Gebiet auskennt, um so ergiebiger ist schon ein Hineinschauen. Wer sich z.B. in Theorien und Methoden zur empirischen Messung der Einstellung der Schüler nicht auskennt, wird auch mit einem Hineinschauen in ein Buch darüber nicht sehr schlau. Trotzdem hilft es, weil das Hineinschauen eine erste Orientierung ermöglicht.

— Man geht so vor, daß man zunächst einige Augenblicke beim Titel verweilt, ihn auf sich einwirken läßt, sich vorstellt, was man selbst zu einem solchen Titel bzw. Thema assoziieren oder sagen würde. Der Untertitel des Buches ist nicht unwichtig. Nicht selten findet man die eigentliche Information im Untertitel, und das selbst bei klassischen Werken, z.B.

  H.G. Gadamer: Wahrheit und Methode. Grundzüge einer philosophischen Hermeneutik. Tübingen ^{2}1965 (Mohr).

  Es geht in diesem Buch also um Hermeneutik, d.h. um die Lehre vom Verstehen, aber um eine philosophische Verstehenslehre, nicht um eine umgangssprachliche, informationstheoretische, kommunikationstheoretische oder dergleichen.

— Nach diesem ersten Schritt schaut man auf das Erscheinungsjahr und auf die Auflagen, die das Buch seit seinem Erscheinen erlebt hat. Das ist wichtig, denn man muß wissen, wie dieses Werk, das man in den Händen hält, von der Wissenschaft rezipiert worden ist. Wer indessen glaubt, daß er mit der Auflagenhöhe ein Werturteil verbinden kann, dem ist Vorsicht anzuraten. Denn es gibt in der Wissenschaftsgeschichte immer wieder Beispiele dafür, daß ein hochbedeutsames, aber schwer verständliches Werk lange Zeit völlig unbeachtet blieb. Manchmal wird das Werk erst viele Jahre später in seiner Bedeutung richtig eingeschätzt. Bisweilen geschieht es auch, daß der Autor selbst einen verständlichen Kommentar zu seinem Werk publiziert, der gleichsam die Brücke zwischen der wissenschaftlichen Welt und diesem überragenden Werk schlägt. Ein Beispiel hierfür ist

I. Kant: Kritik der reinen Vernunft. Riga 1781, Hamburg 1956, hrsg. von R. Schmidt (Meiner).

Dieses erkenntnistheoretisch hochbedeutsame Werk konnte erst in der verdienten Weise rezipiert werden, nachdem Kant ein weiteres Buch geschrieben hatte, das als Verstehenshilfe gelesen werden konnte.

I. Kant: Prolegomena zu einer jeden künftigen Metaphysik. Riga 1783; Hamburg 1969 (Meiner).

Ein ähnliches Beispiel kann man auch aus der Geschichte der Pädagogik nennen, nämlich

J.F. Herbart: Allgemeine Pädagogik aus dem Zweck der Erziehung abgeleitet (1806). Pädagogische Schriften, Band II: Pädagogische Grundschriften, hrsg. von W. Asmus. Düsseldorf, München 1965 (Küpper).

Auch hier wurde das Verständnis erheblich erleichtert, als Herbart viele Jahre später seinen „Umriß" publizierte:

J.F. Herbart: Umriß pädagogischer Vorlesungen (1835). Pädagogische Schriften, Band III: Pädagogisch-didaktische Schriften, hrsg. von W. Asmus. Düsseldorf, München 1965 (Küpper).

Ähnliche Beispiele legen den Schluß nahe, daß zwischen der Popularität und dem Innovationsgrad wissenschaftlicher Werke ein umgekehrt proportionales Verhältnis besteht. Je mehr ein Buch an Neuem bringt, und das womöglich in einer abstrakten oder originellen Sprache, die von der „normalen" Diktion abweicht, um so größere Anerkennungsschwellen wird es offenbar zu überwinden haben. Dies scheint ein Phänomen zu sein, das bei revolutionären wissenschaftlichen Werken von hoher erkenntnistheoretischer Bedeutung in besonders auffälliger Weise zu beobachten ist. Solche Fälle, zum

Beispiel die Entdeckungen des Kopernikus oder die Kritik der reinen Vernunft, stellen die gewohnte Denkweise der „normalen“ Wissenschaftsschulen auf den Kopf. Es ist daher in gewisser Weise auch verständlich, daß sie von der herrschenden wissenschaftlichen Gemeinschaft nicht gerade mit offenen Armen empfangen worden sind.
Wer sich über diese und ähnliche Probleme informieren will, der begibt sich in die Reflexionsgebiete der Wissenschaftstheorie, also derjenigen Theorie, deren Gegenstand Entwicklung und Fortschritt wissenschaftlicher Theorien und Erkenntnisse ist. Die Beschäftigung mit der Wissenschaftstheorie scheint mir nicht nur wegen der Ausweitung des Horizonts unumgänglich, sondern auch für die Einschätzung von wissenschaftlichen Schulen relevant, weil erst durch Fragestellungen, die man aus der Wissenschaftstheorie gewinnen kann, möglich wird, über den Zaun der eigenen Wissenschaft hinauszuschauen. Als erste Lektüre empfehle ich:

Thomas S. Kuhn: Die Struktur wissenschaftlicher Revolutionen. Frankfurt ^{2}1969 (Suhrkamp).

Es gibt aber auch eine zweibändige Einführung in die Wissenschaftstheorie, die in einfacher und verständlicher Sprache einen Überblick gibt.

H. Seiffert: Einführung in die Wissenschaftstheorie. 2 Bde. München 1969/70 (Beck).

Hohe Auflagen, die ein Werk erlebt, so sagte ich, bedeuten, daß die wissenschaftliche Gemeinschaft ein Werk besonders intensiv rezipiert hat, nicht aber immer zwangsweise und zugleich, daß es sich um ein bedeutsames Buch handelt. Mit einem ersten Hineinschauen in ein Buch kann freilich keineswegs die Erwartung verknüpft werden, über die Rezeptionsgeschichte Informationen zu erhalten. Dennoch können Vorwort(e), Auflagen, Erscheinungsjahr und ähnliche formale Kriterien, die man mit einem Blick erfassen kann, Hinweise geben. Hier ein sprechendes Beispiel aus naturwissenschaftlichem Bereich:

Leitfaden für das Zoologische Praktikum

Zweiter überarbeiteter Druck der 18. Auflage

von Maximilian Renner

des von Willy Kükenthal begründeten Werkes

Mit 224 Abbildungen

Dr. Maximilian Renner
Professor am Zoologischen Institut
der Universität München
Luisenstr. 14, 8000 München 2

1. Auflage 1898
2. Auflage 1902
3. Auflage 1905
4. Auflage 1907
5. Auflage 1911
6. Auflage 1912
7. Auflage 1918
8. Auflage 1920
9. Auflage 1928
10. Auflage 1931
11. Auflage 1944
12. Auflage 1949
13. Auflage 1953
14. Auflage 1959
15. Auflage 1967
16. Auflage 1971
17. Auflage 1978

Spanische Ausgabe 1969
Portugiesische Ausgabe 1952, 1959, 1969
Italienische Ausgabe in Vorbereitung

SEMPER BONIS ARTIBUS

Gustav Fischer Verlag · Stuttgart · New York · 1982

– Nun kommen wir zu dem dritten Schritt des Hineinschauens, mit dem diese erste und oberflächlichste Art der Information abgeschlossen wird, zu Leseproben. Man schlägt drei bis fünf Stellen auf und liest jeweils eine halbe Seite. Es ist zu empfehlen, den Beginn der Einleitung bzw. des Vorwortes zu lesen, einige Zeilen vom Beginn und Ende der Hauptabschnitte und Auszüge aus dem Schlußkapitel bzw. der Schlußzusammenfassung. Man weiß dann, was Gegenstand und Problemstellung des Buches ist, wie das Buch aufgebaut ist und schließlich welche Ergebnisse erwartet, erreicht, oder nicht erzielt worden sind. Jetzt hat man einen ersten, noch sehr vorläufigen Eindruck, aber man weiß schon, wovon das Buch handelt, das man lesen oder kaufen will. Zum Hineinschauen in ein Buch empfehle ich zusammenfassend folgende Schritte

– 1. Schauen Sie sich den Titel und den Untertitel genau an. Versuchen Sie, sich vorzustellen, was der Inhalt sein könnte. Beachten Sie sodann das Erscheinungsjahr und die Auflagen.
– 2. Schauen Sie sich das Inhaltsverzeichnis des Buches genau an, aber gehen Sie nicht ins Detail, sondern bleiben Sie vor allem bei den Hauptabschnitten.
– 3. Machen Sie einige Leseproben von der Einleitung, den Hauptabschnitten bzw. -kapiteln und dem Schlußteil.

2.2. Extensives Lesen

Was extensives Lesen ist, läßt sich am Faktor Zeit verdeutlichen. Während das Hineinschauen pro Buch nicht länger als zehn Minuten beanspruchen sollte (diese Zahl ist bei einem Buch von ca. 200 Druckseiten von durchschnittlichem Reflexionsniveau zu veranschlagen), dauert das extensive Lesen länger. Während das „Reingucken“ in ein Buch lediglich zur groben Orientierung dient, im Buchladen die Entscheidung über Kauf erleichtert, in der Bibliothek zu einem raschen Einblick verhilft, für die Einordnung der Richtungen bzw. Ansätze, die in einem Seminar behandelt werden sollen und aus diesem Grunde in einem Handapparat zusammengestellt worden sind, sich immer wieder bewährt, hat das extensive Lesen beispielsweise das Ziel, auf eine Seminarsitzung vorzubereiten, sich in die Denkweise eines Autors relativ rasch einzuarbeiten, sich als kritischen Zuhörer in einer Stunde auf einen Vortrag zu präparieren und ähnliches mehr. Bevor ich nun die Schritte beschreibe, die ich für extensives Lesen empfehle, sollten Sie wissen, daß es wissenschaftliche Publikationen gibt, die weder für Hineinschauen noch für extensives Lesen „geeignet" sind. Sie sind sorgfältig geschrieben und basieren auf einer Konzeption, die Belesenheit und Vertiefung mit Originalität glücklich zu verbinden vermag. Solche Werke sollte man nicht durch Methoden des Hineinschauens oder des extensiven Lesens sozusagen zu „knacken" versuchen.

Nun zum extensiven Lesen. Im Prinzip verfährt man ähnlich wie beim Hineinschauen, besonders was die Schritte 2 und 3 anbetrifft. Der Unterschied ist, daß man am Ende nicht nur wissen sollte, in welche Richtung man das Buch einzuordnen hat, sondern darüber hinaus, welche Hauptgedanken, Thesen und Ergebnisse das Werk präsentiert. Wenn man in den Seminaren und sonstigen Lehrveranstaltungen darauf achtet, dann fällt es einem auf, daß selten ein Buch gründlich diskutiert wird. Mir ist selbst auf Pädagogischen Tagungen und Kongressen aufgefallen, daß Details meist nicht nötig sind. Man argumentiert nicht mit Ivan Illich, sondern man sagt in Übereinstimmung mit seiner Generalthese, die Schule sei eine überflüssige Bildungsinstitution und sollte daher abgeschafft werden.

– Der erste Schritt des extensiven Lesens besteht in der gründlichen Durchsicht des Inhaltsverzeichnisses. Nicht nur die Hauptkapitel sollen angeschaut werden, sondern alle Gliederungspunkte. Dabei ist es wichtig, auf das Verhältnis der einzelnen Kapitel zueinander zu achten. Sind die Hauptkapitel des Buches im Verhältnis zueinander ausgewogen? Ich habe Diplomarbeiten gesehen, die aus einem Vorwort und zwei Kapiteln bestanden, wobei das erste Kapitel 13 Seiten und das zweite 82 Seiten enthielt. Schon diese äußere Gliederung der Gedanken läßt ahnen, daß es sich um einen Autor handelt, der sich in eine Sache verbohrt hat, ohne den Zusammenhang, in dem sein Problem steht, zu überblicken. Ein Buch von ca. 400 Seiten, das eine Zusammenfassung von 6 Seiten am Ende

enthält, reizt den Leser allenfalls zum Hineinschauen. Wenn man wirklich Grund hat, 400 Seiten zu schreiben, um etwas Wesentliches zu sagen, dann ist es merkwürdig, wenn sich das in 6 Seiten zusammenpressen läßt. Die Frage nach der Ausgewogenheit der Buchabschnitte gibt nicht selten Aufschluß darüber, worin die Stärke des Autors zu suchen ist.
Obgleich Sammelbände in Sachen Ausgewogenheit eine gewisse Ausnahme sein dürfen, ist auch hier der Wunsch berechtigt, die Länge der einzelnen Beiträge möglichst ausgewogen zu halten. Das ist aus organisatorischen Gründen oft schwierig.

- Der zweite Schritt des extensiven Lesens besteht in der richtigen Auswahl einzelner Kapitel. Es gibt allerdings keine Möglichkeit, einen für alle Bücher gültigen Rat zu geben. Nach meiner persönlichen Erfahrung lohnt es sich immer, die Einleitung zuerst zu lesen, denn hier expliziert der Autor, was er als problemhaltig angesehen hat, worüber er geforscht und geschrieben hat. Meist wird hier andeutungsweise klar, welche Forschungslücke dieses Buch zu schließen beabsichtigt. In der Einführung oder im ersten Kapitel wird also der Selbstanspruch formuliert. Man sollte bei der Einschätzung oder Rezension eines Buches stets im Auge behalten, welche Ansprüche der Autor selbst stellt, und unbedingt prüfen, ob und inwiefern er sie eingelöst hat. Dies ist eine völlig legitime Interpretation und Bewertung eines wissenschaftlichen Werkes, die man werkimmanente Einschätzung nennt.
- Der dritte Schritt des extensiven Lesens besteht in der gründlicheren Prüfung der Ansprüche und Versprechen. In den meisten Fällen geschieht dies im letzten bzw. vorletzten Kapitel des Buches. Hat man Einleitung und Schluß gelesen, so hat man Anfang und Ende eines Bogens zusammen. Man weiß, wo die Gedankengänge zusammengebracht worden sind, aber nicht wie. Es ist für das extensive Lesen geradezu charakteristisch, daß es auf Details und kritische Prüfung der Methode, der eingesetzten Instrumente, der Präzision der zitierten und übernommenen Gedanken verzichtet.
- Der vierte Schritt des extensiven Lesens besteht in dem Überfliegen einiger Stellen aus dem „Rumpf" des Buches, an denen der Autor zumeist seine Ansprüche mit einem Blick auf Geschichte und Tradition, vielleicht auch auf die Situation im Ausland Schritt für Schritt zu begründen versucht. Dies alles

kann man natürlich nicht in 30 bis 60 Minuten, die man für das extensive Lesen eines Buches verwenden will, schaffen. Es kommt darauf an zu erkennen, was der Autor sagen will, welches die Probleme sind, mit denen er sich beschäftigt hat, welche Resultate er erzielt hat usw. Ob die Zeit ausreicht, um den Eindruck durch Beweisführung, Argumentation, Datenzusammenstellung u.a.m. zu untermauern, ob dem Autor diese Untermauerung selbst gewissenhaft und überzeugend gelungen ist, das gehört nicht zum Zielbereich des extensiven Lesens.

Bei Zeitschriftenaufsätzen und Beiträgen in Sammelbänden verfährt man im Grunde ähnlich. Meist haben solche kurzen Beiträge kein Inhaltsverzeichnis, sondern sind untergliedert, ohne daß die Gliederungspunkte immer eine Überschrift haben müssen und vor allem ohne daß diese dem Beitrag vorangestellt wären. Ich persönlich verfahre bei der extensiven Lektüre so, daß ich die Problemstellung zu erfassen versuche, die Schlußergebnisse damit vergleiche und schließlich den Rest überfliege. Mit Überfliegen meine ich, daß ich die ersten Zeilen jedes Absatzes lese. Dabei gehe ich von der vielfach bewährten Annahme aus, daß, wo immer neue Gedanken beginnen, ein guter Autor einen Absatz macht.

Beim extensiven Lesen sollten Sie also folgende vier Punkte beachten

- 1. Versuchen Sie zuerst, Ausgangspunkt, Fragestellung und Ziel des Autors herauszubekommen. Das finden Sie meist im Einleitungskapitel.
- 2. Vergleichen Sie dann im letzten oder vorletzten Kapitel die Ergebnisse. Hat der Autor seinen eigenen Anspruch erfüllt?
- 3. Überfliegen Sie den „Rumpf", um einen Eindruck davon zu bekommen, wie der Autor seine Problemstellung einem Ziel näher bringt, historische Studien, empirische Daten, Literaturstudien etc.
- 4. Bei Aufsätzen und kleineren Beiträgen gestalten Sie den 3. Punkt so, daß Sie die Anfänge jedes Absatzes lesen.

2.3. Intensives Lesen

Ob man in ein Buch nur hineinschaut, es extensiv liest oder gründlich bearbeitet, hängt nicht nur von Erkenntnisqualität, Formulierungsdichte, Reflexionsniveau usw. ab, sondern auch davon, zu welchem Zweck man die in einem wissenschaftlichen Werk zusammengetragenen Gedanken und Ideen, Methoden und Ergebnisse studieren will. Es gibt Autoren, die man überhaupt nicht extensiv lesen kann. Bei der Lektüre verschiedener Werke von Theodor W. Adorno hatte ich z.B. diesen Eindruck. Für Adornos Werk ist es geradezu charakteristisch, daß sich das Gelesene nicht in zwei Thesen und drei Begründungen pressen läßt. Das gleiche gilt auch von Husserl und Heidegger, von Hegel und Kant. Man kann sie eigentlich nicht extensiv lesen. Das Hineinschauen ermöglicht eine erste Orientierung, gibt einen Geschmack über Denkrichtung und Diktion, aber im Grunde müßte man die Werke dieser Philosophen intensiv lesen. Wie geht man dabei vor?

Da man mit intensivem Lesen oft auch das Abfassen einer schriftlichen Arbeit verbindet, d.h. die eigenen Gedankengänge und Ideen durch das Rezipierte unterstützt oder auch, gegen es abgesetzt, aufbaut und entwickelt, ist es notwendig, sich beim Lesen Notizen zu machen, natürlich nur in privaten Exemplaren. Eine Frage, die sich sicher viele Studenten stellen, lautet: Darf ich in ein Buch hineinschreiben oder nicht? Ich persönlich beantworte diese Frage mit einem klaren Ja, was nicht unproblematisch ist. Als ich zu Beginn meines Germanistikstudiums einige Gedichte von Brentano las und in der hellsten Begeisterung von der Musik, die drin steckt, das Ausdrucksbedürfnis meiner Seele mit einem Kugelschreiber derart befriedigte, daß ich an den Rand „herrlich!", „wunderbar" oder ähnliche ekstatische Kommentare schrieb, wobei ich dahinter noch ein bis drei Ausrufezeichen setzte, konnte ich nicht ahnen, wie peinlich diese spontanen Kommentare mich zwei Jahre später berühren würden. Auch das, was ich bei der ersten Lektüre von Hegels Phänomenologie fein differenziert mit rot, blau und schwarz unterstrichen hatte, mußte ich bei der zweiten Lektüre gründlich revidieren. Bei solchen Standardwerken, die man jedesmal anders liest, weil man sich inzwischen selbst geistig weiterentwickelt hat, weil man mit einem anderen Problembewußtsein herangeht oder weil man ein bestimmtes Problem sucht, bedeutet jeder nicht auslöschbare Strich Ärger und Störung für die zweite Lektüre. Ich persönlich fand jedenfalls beim zweiten Lesen vieles nicht mehr wichtig, was ich bei der ersten Lektüre dick hervorgehoben hatte. Empfehlenwert ist daher, sich Abkürzungen auszudenken, Kategorien, mit deren Hilfe man immer wieder die wichtigsten Stellen finden kann. Und vor allem: *Bleistift.*

– Der erste Schritt für intensives Lesen besteht also darin, sich Abkürzungen herauszuarbeiten. Ich persönlich arbeite mit folgenden wenigen Zeichen und habe damit recht gute Erfahrungen gemacht:

  A: Ausgangspunkt und Fragestellung. Dieses Zeichen hilft mir, die Stellen zu markieren, an denen der Autor seine Gedanken beginnt. Es steht häufig in den Anfangskapiteln.
  Z: Ziel oder Ergebnis. Dieses Zeichen setze ich dort, wo der Autor Ergebnisse verspricht oder einlöst. Es steht meist am Anfang und am Ende von wissenschaftlichen Monographien.
  L: bedeutet Literatur, manchmal benutze ich auch die Abkürzung Lit. Dieses Zeichen bedeutet, daß hier wichtige oder interessante Literatur genannt wird. Wenn ich mit der Lektüre des Buches fertig bin, hole ich meine Karteikarten und bibliographiere sie so, wie ich das im Abschnitt über Ordnungssysteme beschrieben habe. Danach werden die Karten in die entsprechenden Rubriken meines Karteikastens eingeordnet (vgl. dazu 1.1. Ordnungssysteme).
  Zf.: ist das Zeichen für die Zusammenfassung. Wo immer das, was ein Autor entwickelt hat, in prägnanten Sätzen zusammengefaßt wird, setze ich dieses Zeichen.
  KG: ist die Abkürzung für Kerngedanken, also diejenigen Argumentationszusammenhänge, die die wichtigsten Knotenpunkte in der roten Linie der Gedankenführung ausmachen. Bei Büchern, die lediglich wissenschaftliche Pflichterfüllung, sprich Zusammentragen von Literatur im Sinn haben, fehlt dieses Zeichen zwar nicht, aber es bezieht sich meist auf L.
  vs: ist die Abkürzung für „versus“. Ich setze sie dort, wo eine Position, These, Stellungnahme usw. ausdrücklich gegen eine andere Position oder einen anderen Ansatz entwickelt wird.

Meist schreibe ich noch die Position, gegen die argumentiert wird, dazu, also zum Beispiel: vs. Positivismus oder vs. Meyer.
K: sind meine Kommentare. Dabei schreibe ich nicht bloß „gut“ oder „na und?“, sondern „ähnlich auch bei X“ oder „kann ich brauchen für ...“.
N: Dies ist ein Zeichen, das ich selten vergebe. Es ist die Abkürzung für Nukleus, ein Wort, das ich Dieter Henrich, einem meiner Heidelberger Philosophielehrer verdanke. Ich finde dieses Wort schön und kraftvoll. Wenn die verschiedenen Gedankenstränge gut entwickelt und zusammengebracht werden, was schon an und für sich ein Genuß ist, und schließlich in einer wunderbaren Formulierung, die den Nagel auf den Kopf trifft, ebenso präzise wie prägnant zum Ausdruck kommen, dann schreibe ich N an den Rand.

Bevor ich zu den nächsten Schritten des intensiven Lesens komme, möchte ich jedem Studenten nahelegen, seine eigenen Abkürzungen zu entwickeln. Denn ich halte solche Abkürzungen für eine Systematik, die im Grunde jeder hat, nur in mehr oder weniger bewußter Form, also mehr oder weniger explizit. Indessen werden sie implizit von jedem Menschen, der liest, benutzt, ob er nun Bildzeitung, Asterixhefte oder Hegel liest. Man hat gewisse Erwartungen, wenn man eine bunte Illustrierte zur Hand nimmt. Strukturell ist das gleiche der Fall, wenn man sich in soziologische Rollentheorien oder in linguistische Sprechakttheorien einlesen will. So völlig ohne Vorvorstellung geht man nicht an einen Text heran. Die Arbeit an einem privaten Abkürzungssystem hilft, das, was implizit da ist, zu explizieren, das, was mitläuft, der Kontrolle des Bewußtseins zu unterwerfen. Wer so vorgeht, wird wohl sehr rasch bemerken, wie lückenhaft seine Lektürekategorien sind. Mit einer Wellenlinie unter den Zeilen, die einem nicht einleuchten, oder drei vertikalen Strichen nebst einem Ausrufezeichen für das, was einem gerade einleuchtet, ist es nicht getan. Mit dieser Bemerkung möchte ich die generelle Absicht dieses Buches nochmals verdeutlichen. Es will keine Rezepte geben. Es will nicht vorschreiben: „So oder so müssen Sie das machen!“ Es enthält aber Hinweise, Anregungen und Beispiele. Sie können sie übernehmen, ergänzen, variieren. Sie können aber auch auf die Idee kommen, es ganz anders anzugehen.

– Der zweite Schritt des intensiven Lesens ist äußerst wichtig und unterscheidet es wesentlich vom extensiven Lesen und vom Hineinschauen. Er besteht in der richtigen Art des Exzerpierens. Natürlich kann kein Student alle Bücher kaufen; deshalb ist es unerläßlich, daß man Bücher ausleiht, sie liest und wieder zurückgibt. Unser Gedächtnis täuscht uns aber in einer fatalen Weise. Wir sind von etlichen Stellen in einem Buch so begeistert, daß wir meinen, wir würden sie auf Anhieb wiederfinden oder uns noch nächste Woche, nächsten Monat erinnern. Hat man tatsächlich so ein gutes Gedächtnis, so darf man sich beim wissenschaftlichen Arbeiten glücklich schätzen. Ich persönlich habe die Erfahrung machen müssen, daß je weniger mein Gedächtnis belastet ist, ich umso mehr kreative Phantasie entwickeln kann. Deshalb bevorzuge und empfehle ich ein gutes System für Exzerpieren. Ich glaube nicht, daß man auf das Exzerpieren Verzicht leisten kann, wenn man einen Text intensiv liest. Ich halte das Exzerpieren daher für einen unbedingt nötigen Teil des intensiven Lesens.
Vor dem Exzerpieren sollte man ein Buch nochmals von vorn nach hinten und von hinten nach vorn überfliegen, und zwar insbesondere die Stellen, die man durch Abkürzungen markiert hat. Dann trifft man seine Entscheidungen und wählt thematisch und gedanklich zusammengehörige Stellen aus. Das sollte philologisch so exakt wie nur möglich geschehen, denn nur so erspart man sich hinterher die Mühe der notwendigen Kontrolle und Überprüfung der Zitate und Seitenzahlen. Es ist extrem wichtig und gehört zum A und O des wissenschaftlichen Arbeitens, daß man exakt zitiert, und das, wenn irgend möglich, aus erster (d.h. eigener) Hand. Diesem methodischen Gesichtspunkt wird leider nicht genügend Beachtung geschenkt. Wenn man hier Bequemlichkeit zeigt, wenn einem das mechanische Schreiben zu lästig ist, so kann man auch längere Textstellen kopieren und auf das DIN A 4-Papier kleben. Von höchster Wichtigkeit ist es, links am Rand die Seitenzahl aufzuschreiben. Textstellen, die man wörtlich abschreibt, setzt man in Anführungsstriche, Auslassungen kennzeichnet man durch drei Punkte in einer Klammer (...); wo man mit eigenen Worten zusammenfaßt, fehlt natürlich das Anführungszeichen bzw. endet davor. Eigene Kritik, Kommentare, Einfälle zu Parallelstellen anderer Texte schreibt

man sofort dahinter und kennzeichnet sie als solche. Ich pflege solche Querverbindungen, die mir beim Lesen oder Exzerpieren in den Sinn kommen, durch die Abkürzung „Ass." (für Assoziationen) zu kennzeichnen. Ist man mit der Arbeit des Aus- und Abschreibens, des teilweise eigenen Formulierens fertig, so hat man bei anspruchsvollen Texten oft den Eindruck, daß man sie erst jetzt richtig verstanden hat, so daß man sie selbst zu reproduzieren imstande ist, einige Einfälle dazu äußern kann, eine kritische Anmerkung zur Diskussion stellen kann. Was derart gewissenhaft exzerpiert worden ist, ist wertvoll. Es muß daher in die entsprechende Rubrik des Ordners untergebracht werden.

– Der dritte Schritt des intensiven Lesens besteht in der Diskussion über diesen Text. Das muß geschehen, ehe der erste Eindruck verblaßt. Es sollte aber – dies empfehle ich persönlich – zunächst ohne Vorlage geschehen. Man sollte mutig genug sein und in der Bibliothek, in einem Seminar, oder schlicht bei seiner Freundin oder bei seinem Freund über das, was einen so intensiv beschäftigt hat, erzählen. Es ist dabei manchmal sogar von Vorteil, wenn man keinen „Fachmann" zum Gesprächspartner hat. Man erzählt dann in seiner eigenen Sprache, man vermeidet terminologische Großprotzigkeit. Im Prinzip muß eine wissenschaftliche Erkenntnis auch mit einfachen Worten darstellbar sein. Fragt der Partner nach, so muß man in die Rolle des Wissenschaftlers schlüpfen, den man gelesen hat. Wie würde er auf diese Frage antworten? Mir ist es meist dabei so ergangen, daß ich zunächst Schwierigkeiten hatte, die Gedanken so halbwegs stimmig wiederzugeben. Aber genau darin besteht der Vertiefungsprozeß. Es ist so, als ob ein Kind, das die Schwimmbewegungen gut beherrscht, jetzt ohne Schwimmflügel zu schwimmen versucht. Die eigene Körperschwere zieht es herunter. Der Autor mit seiner beeindruckenden Terminologie, seiner glatten Sprache, seinen ausgefeilten Gedankengängen greift einem nun nicht mehr unter die Arme.

Wie erleichtert fühlt man sich dann, wenn man nach Hause geht und in das Exzerpt schaut! Was war noch diese verdammt einfache Frage, auf die ich keine Antwort wußte? Wie war noch das Verhältnis der beiden Termini, sagen wir, „Wahrheit und Methode", „Sein und Zeit", „Erkenntnis und Interesse"? Erst

dann, wenn man nochmals nachschaut, die Fragen rekonstruiert, sie vielleicht als teilweise zu leicht, teilweise als das Problem nicht tangierend identifiziert, ist man zu einem besseren Verständnis des Textes gelangt, der wert war, intensiv gelesen zu werden. Niemand hindert Sie nun daran, Ihren Gesprächspartner (oder einen anderen) von neuem zum Gespräch aufzusuchen.
Diese Methode, daß man, selbst bei noch nebelhaften Vorstellungen, die man hat, ein Gespräch anfangen sollte, habe ich von Heinrich von Kleist gelernt, der einen klassischen Essay geschrieben hat „Über die allmähliche Verfertigung der Gedanken beim Reden". Man setzt sich selbst unter den Zwang, die angesprochene Idee, den angedeuteten Gedanken, das ungelöste Problem im Redefluß zu bewältigen. Das Ergebnis ist nicht selten frappierend. Selbst wenn man das Problem nicht löst, wird man sehr oft den Eindruck gewinnen, daß das Problem jetzt eine klarere Kontur zeigt als zuvor, daß Gedanken um zwei Verbindungen bereichert worden sind oder daß ein Glied in der Ideenkette sich als irrig erwiesen hat.

Die drei Schritte des intensiven Lesens lassen sich nun so zusammenfassen:

- 1. Entwickeln Sie Kategorien zur Einschätzung, Systematisierung oder Gliederung von Texten. Notieren Sie sie mit Bleistift an den Rand.
- 2. Exzerpieren Sie sorgfältig. Notieren Sie immer die Seitenzahl. Zusammengehörige Gedankenstränge werden aus verschiedenen Textstellen zusammengesucht. Eigene Einfälle und Kritik werden notiert.
- 3. Nachdem Sie Ihr philologisch exaktes Exzerpt in den Leitz-Ordner eingeordnet haben, gehen Sie, zu wem Sie wollen, und reden über diese Gedanken frei und ohne Textvorlage mit ihm. Sie werden dabei das Phänomen der allmählichen Verfertigung der Gedanken beim Reden entdecken.

Wenn du etwas wissen willst und es durch Meditation nicht finden kannst, so rate ich dir, mein lieber, sinnreicher Freund, mit dem nächsten Bekannten, der dir aufstößt, darüber zu sprechen. Es braucht nicht eben ein scharfdenkender Kopf zu sein, auch meine ich es nicht so, als ob du ihn darum befragen solltest: nein! Vielmehr sollst du es ihm selber allererst erzählen. Ich sehe dich zwar große Augen machen, und mir antworten, man habe dir in frühern Jahren den Rat gegeben, von nichts zu sprechen, als nur von Dingen, die du bereits verstehst. Damals aber sprachst du wahrscheinlich mit dem Vorwitz, *andere*, ich will, daß du aus der verständigen Absicht sprechest, *dich* zu belehren, und so könnten, für verschiedene Fälle verschieden, beide Klugheitsregeln vielleicht gut neben einander bestehen. Der Franzose sagt, l'appétit vient en mangeant, und dieser Erfahrungssatz bleibt wahr, wenn man ihn parodiert, und sagt, l'idée vient en parlant. Oft sitze ich an meinem Geschäftstisch über den Akten, und erforsche, in einer verwickelten Streitsache, den Gesichtspunkt, aus welchem sie wohl zu beurteilen sein möchte. Ich pflege dann gewöhnlich ins Licht zu sehen, als in den hellsten Punkt, bei dem Bestreben, in welchem mein innerstes Wesen begriffen ist, sich aufzuklären. Oder ich suche, wenn mir eine algebraische Aufgabe vorkommt, den ersten Ansatz, die Gleichung, die die gegebenen Verhältnisse ausdrückt, und aus welcher sich die Auflösung nachher durch Rechnung leicht ergibt. Und siehe da, wenn ich mit meiner Schwester davon rede, welche hinter mir sitzt, und arbeitet, so erfahre ich, was ich durch ein vielleicht stundenlanges Brüten nicht herausgebracht haben würde. Nicht, als ob sie es mir, im eigentlichen Sinne *sagte;* denn sie kennt weder das Gesetzbuch, noch hat sie den Euler, oder den Kästner studiert. Auch nicht, als ob sie mich durch geschickte Fragen auf den Punkt hinführte, auf welchen es ankommt, wenn schon dies letzte häufig der Fall sein mag. Aber weil ich doch irgend eine dunkle Vorstellung habe, die mit dem, was ich suche, von fern her in einiger Verbindung steht, so prägt, wenn ich nur dreist damit den Anfang mache, das Gemüt, während die Rede fortschreitet, in der Notwendigkeit, dem Anfang nun auch ein Ende zu finden, jene verworrene Vorstellung zur völligen Deutlichkeit aus, dergestalt, daß die Erkenntnis, zu meinem Erstaunen, mit der Periode fertig ist. Ich mische unartikulierte Töne ein, ziehe die Verbindungswörter in die Länge, gebrauche auch wohl eine

Apposition, wo sie nicht nötig wäre, und bediene mich anderer, die Rede ausdehnender, Kunstgriffe, zur Fabrikation meiner Idee auf der Werkstätte der Vernunft, die gehörige Zeit zu gewinnen. Dabei ist mir nichts heilsamer, als eine Bewegung meiner Schwester, als ob sie mich unterbrechen wollte; denn mein ohnehin schon angestrengtes Gemüt wird durch diesen Versuch von außen, ihm die Rede, in deren Besitz es sich befindet, zu entreißen, nur noch mehr erregt, und in seiner Fähigkeit, wie ein großer General, wenn die Umstände drängen, noch um einen Grad höher gespannt. In diesem Sinne begreife ich, von welchem Nutzen Molière seine Magd sein konnte; denn wenn er derselben, wie er vorgibt, ein Urteil zutraute, das das seinige berichten konnte, so ist dies eine Bescheidenheit, an deren Dasein in seiner Brust ich nicht glaube. Es liegt ein sonderbarer Quell der Begeisterung für denjenigen, der spricht, in einem menschlichen Antlitz, das ihm gegenübersteht; und ein Blick, der uns einen halbausgedrückten Gedanken schon als begriffen ankündigt, schenkt uns oft den Ausdruck für die ganze andere Hälfte desselben. Ich glaube, daß mancher große Redner, in dem Augenblick, da er den Mund aufmachte, noch nicht wußte, was er sagen würde. Aber die Überzeugung, daß er die ihm nötige Gedankenfülle schon aus den Umständen, und der daraus resultierenden Erregung seines Gemüts schöpfen würde, machte ihn dreist genug, den Anfang, auf gutes Glück hin, zu setzen. Mir fällt jener »Donnerkeil« des Mirabeau ein, mit welchem er den Zeremonienmeister abfertigte, der nach Aufhebung der letzten monarchischen Sitzung des Königs am 23. Juni, in welcher dieser den Ständen auseinander zu gehen anbefohlen hatte, in den Sitzungssaal, in welchem die Stände noch verweilten, zurückkehrte, und sie befragte, ob sie den Befehl des Königs vernommen hätten? »Ja«, antwortete Mirabeau, »wir haben des Königs Befehl vernommen« – ich bin gewiß, daß er bei diesem humanen Anfang, noch nicht an die Bajonette dachte, mit welchen er schloß: »ja, mein Herr«, wiederholte er, »wir haben ihn vernommen« – man sieht, daß er noch gar nicht recht weiß, was er will. »Doch was berechtigt Sie« – fuhr er fort, und nun plötzlich geht ihm ein Quell ungeheurer Vorstellungen auf – »uns hier Befehle anzudeuten? Wir sind die Repräsentanten der Nation.« – Das war es was er brauchte! »Die Nation gibt Befehle und empfängt keine.« – um sich gleich auf den Gipfel der Vermessenheit zu schwingen. »Und damit ich mich Ihnen ganz deutlich erkläre« – und erst jetzo findet er, was den ganzen Widerstand, zu welchem seine Seele gerüstet dasteht, ausdrückt: »so sagen Sie Ihrem Könige, daß wir unsre Plätze anders nicht, als auf die Gewalt der Bajonette verlassen werden.« – Worauf er sich, selbstzufrieden, auf einen Stuhl niedersetzte. – Wenn man an den Zeremonienmeister denkt, so kann man sich ihn bei diesem Auftritt nicht anders, als in einem völligen Geistesbankerott vorstellen; nach einem ähnlichen Gesetz, nach welchem in einem Körper, der von dem elektrischen Zustand Null ist, wenn er in eines elektrisierten Körpers Atmosphäre kommt, plötzlich die entgegengesetzte Elektrizität erweckt wird. Und wie in dem elektrisierten dadurch, nach einer Wechselwirkung, der ihm inwohnende Elektrizitätsgrad wieder verstärkt wird, so ging unseres Redners Mut, bei der Vernichtung seines Gegners zur verwegensten Begeisterung über. Vielleicht, daß es auf diese Art zuletzt das Zucken einer Oberlippe war, oder ein zweideutiges Spiel an der Manschette, was in Frankreich den Umsturz der Ordnung der Dinge bewirkte. Man liest, daß Mirabeau, sobald der Zeremonienmeister sich entfernt hatte, aufstand, und vorschlug: 1) sich sogleich als Nationalversammlung, und 2) als unverletzlich, zu konstituieren. Denn dadurch, daß er sich, einer Kleistischen Flasche gleich, entladen hatte, war er nun wieder neutral geworden, und gab, von der Verwegenheit zurückgekehrt, plötzlich der Furcht vor dem Chatelet, und der Vorsicht, Raum. – Dies ist eine merkwürdige Übereinstimmung zwischen den Erscheinungen der physischen und moralischen Welt, welche sich, wenn man sie verfolgen wollte, auch noch in den Nebenumständen bewähren würde. (. . .)

Auszug aus

Heinrich von Kleist: Über die allmähliche Verfertigung der Gedanken beim Reden. In: Gesammelte Werke und Briefe, Bd. 2, München 1965, S. 319-324 (Hanser). Auszug: S. 319-321.

D. ORGANISATORISCHE PROBLEME DER PRÜFUNGSVORBEREITUNG

Dieses Kapitel befaßt sich mit Fragen der Organisation eines Examens. Es geht hier um Entscheidungen, die zwar keine inhaltliche Strukturierung etwa eines Spezialgebietes ermöglichen, aber zur Gestaltung der Inhalte mehr beitragen, als man auf den ersten Blick glaubt. Es ist zum Beispiel von größter Bedeutung, darüber zu entscheiden, ob man sich allein oder in einer Gruppe auf die Examina vorbereitet, ob man mit einer groben inhaltlichen Vorstellung seinen Prüfer aufsucht, um ein Vorprüfungsgespräch zu führen, oder ob man jedes Spezialgebiet zunächst im Überblick vorbereitet und dann vertieft oder besser eins nach dem anderen vorbereitet, vertieft und dann zum nächsten Spezialgebiet vordringt.

Solche Fragen zu behandeln, ist in der Regel nicht Sache der Wissenschaft, deshalb werden etwa Studenten der Soziologie, die sich mit Organisationstheorien beschäftigen, solche Fragen dort nicht behandelt finden. Wie man seine Arbeit organisiert, ist meist eine individuelle Angelegenheit. Jeder macht gewissermaßen hier seine eigenen Erfahrungen, und es ist schade, daß der Student auf der Hochschule arbeitsorganisatorische Hinweise nicht bekommt. In einigen Universitäten wird für Studienanfänger eine Lehrveranstaltung darüber angeboten, etwa mit dem Titel „Methodik des wissenschaftlichen Arbeitens" oder ähnlich. Man lernt hier, wie man Referate schreibt oder richtig zitiert, man macht einen Gang durch die Universitäts- oder Seminarbibliothek und dergleichen mehr. Wer aber in seinen Seminaren die Studenten aufgefordert hat, sich in Gruppen zu organisieren und die Arbeit selbst einzuteilen, die Referate gemeinsam vorzubereiten und auch zu halten, der wird mir darin zustimmen, daß dies nicht ohne Probleme verläuft. Die meisten Studenten, und nicht nur die jüngeren, beherrschen das Organisatorische nicht, teilen die ihnen für eine bestimmte

Leistung zur Verfügung stehende Zeit nicht ein oder halten sie meist nicht so ein, wie sie sich das gedacht haben. Viele Studenten sind sich beispielsweise über die psychologische Wirkung nicht im Klaren, wenn sie mehrere Wochen kein Fachbuch in die Hand nehmen, Monat für Monat, Semester für Semester verstreichen lassen, ohne sich nach ihrem eigenen aktiven Beitrag zur eigenen Entwicklung in dem Fach, das sie studieren, zu fragen.

Gegen diesen Mangel kann eine gewisse Abhilfe geschaffen werden, indem Kompaktseminare über Planung und Organisation des Studiums angeboten werden.

Speziell für die Examenskandidaten möchte ich nun einige organisatorische Gesichtspunkte zusammenstellen, die nach meiner persönlichen Überzeugung für das Gesamtergebnis der Examina von entscheidender Bedeutung sind. Denn ein Examen ist eine Art Ganzheit. Es besteht keineswegs bloß aus dem Lernen von einigen Fakten, Daten und Thesen, die das menschliche Kurzzeitgedächtnis belasten. Man kann mit einer bestimmten Einstellung in eine Prüfung gehen. Sie wird, wie immer sie auch sein mag, in einem 30-Minutengespräch größtenteils zutage treten. Und Sie sollten deshalb als Examenskandidat nicht so naiv sein zu glauben, daß das bloße Faktenwissen in den Kultur-, Human- oder Sozialwissenschaften allein über die Note entscheidet. Die Ganzheit an Eindruck, den Sie beim Prüfer und dem Vorsitzenden bzw. dem Beisitzer hinterlassen, gestaltet die Bewertung. Schon wenn Sie sich einer gepflegten Sprache bedienen, wenn Sie ruhig und besonnen mit einer gewissen Entschiedenheit wissenschaftliche Thesen vertreten, beeinflussen Sie die Gesamtbewertung. Vom Handwerklichen bis hin zur individuellen Ausstrahlung, von der strengen Ordnung und Systematik der Gedanken bis hin zu dem, was ich Sensibelsein für die Kommunikation in der Prüfungssituation nennen möchte, ja, sogar bisweilen bis in die äußere Erscheinung hinein, reichen die Faktoren, die das Gesamtergebnis bestimmen. Ich halte das für völlig unvermeidbar, weil auch die Prüfer nur Menschen sind.

I. Welche Probleme sind bei der Grobplanung zu berücksichtigen?

Das wichtigste Problem jeder, also auch der Grobplanung lautet: Termine einhalten. Daß man Termine hat und sie wahrnehmen muß, ist an sich eine Trivialität. Aber welche kleinen Dinge sind dabei wichtig? Wie kann man seine Zeit so einteilen, daß kein Termin versäumt wird, daß kein Zeitdruck entsteht? Die schöne Planung kennt man ja, und das entsprechende schlechte Gewissen auch. Dieser Abschnitt will Sie mit vier Problemen konfrontieren, deren Bekanntschaft Sie bei der wissenschaftlichen Arbeit allgemein und bei der Prüfungsvorbereitung in eindringlicher Weise machen werden, nämlich das Problem des Anfangens (1), der Kontinuität (2), der Unterbrechung (3) und der Steigerung der Kondition (4).

Vor der Ausführung dieser Probleme möchte ich deutlich machen, was eine Grobplanung ist.

Nehmen wir an, ein Student hat sich im September dieses Jahres zur Prüfung angemeldet. Er geht davon aus, daß er noch im November einen Termin bekommt. Wie enttäuscht wird er sein, wenn er im Prüfungsamt erfährt, daß bis Mai nächsten Jahres keine Termine frei sind. Zur Grobplanung gehört also das rechtzeitige Anmelden zur Prüfung. Hier kann ich nur raten, sich schon etwa ein Jahr vor der Prüfung nach den Terminen bzw. üblichen Wartezeiten zu erkundigen. Die meisten Studenten haben keinen Taschenkalender. Sicher kann man als Student ohne Kalender leben, und man sollte es sogar, bevor man sich im Beruf möglicherweise auf Lebenszeit zum Knecht dieses dünnen Heftes ernennt. Wenn es aber dem Ende des Studiums entgegengeht, sollte man sich einen Kalender kaufen. Übrigens auch das muß rechtzeitig erledigt werden, denn Papiergeschäfte bekommen etwa im September die Kalender für das nächste Jahr.

Wichtig ist, daß man die Termine zur Anmeldung am besten mit dickem Rotstift einträgt, damit man nicht schon beim ersten Schritt etwas falsch macht. Danach fängt die Grobplanung an. Wieviele Monate habe ich zur Verfügung? Man rechnet und ist meist überrascht, wie leicht es sein müßte, sich in dieser langen Zeit auf die Examina vorzubereiten. Wenn wir als Beispiel die oben genannte Zeit (September bis Mai) nehmen, so sind das

9 Monate. Selbst bei neun Spezialgebieten müßte es gut ausreichen, so denkt man jedenfalls in der Regel. Hier erlebt fast jeder eine herbe Enttäuschung, und zwar aus guten Gründen:

1. *Das Problem des Anfangens*

Man denkt nicht daran, daß die Anlaufphase meist länger dauert als veranschlagt. Viele Menschen, die ich kenne, haben das Problem, sich überhaupt hinzusetzen und an die Arbeit zu machen. Sie arbeiten gut, wenn sie erst einmal begonnen haben. Ich gebe zu, daß auch mir der Anfang immer wieder schwer fällt, vor allem, wenn ich einige Wochen aus der Übung gekommen bin. Ich ertappe mich dann gelegentlich dabei, wie ich mich vor dem Beginnen drücke, indem ich erst meinen Schreibtisch aufräume, dann alle Bleistifte anspitze, dann vielleicht das Farbband meiner Schreibmaschine daraufhin prüfe, ob es ausgewechselt werden muß usw. Ich glaube, es sind ganz menschliche Züge, die jeder in ähnlicher Form wohl von sich selbst kennt, ob man es nun zugeben will oder nicht. Diese Phase des Anlaufs läßt sich nur durch Selbstdisziplin überwinden. Und schon nach wenigen Tagen setzt man sich ohne jegliche Selbstablenkung an den Schreibtisch und beginnt da, wo man stehengeblieben war.

2. *Das Problem der Kontinuität*

Wissenschaftliches Arbeiten erfordert langen Atem. Ungeduld und Hitzköpfigkeit führen hier zu Resignation. Eine der größten Schwierigkeiten der Studenten, aber auch vieler Professoren, Assistenten und der in Lehre und Forschung Tätigen liegt darin, daß sie nicht kontinuierlich arbeiten können. Wer ein dreibändiges Werk schreiben will, der muß jeden Tag stetig weitermachen. Die Idee allein, ein überzeugendes Exposé oder eine schöne und konsistente Gliederung genügen da nicht. Die Explikation des Problems, die vielen kleinen Teufel, die im Detail stecken und mit denen man täglich fertigwerden muß, darin – so glaube ich – liegt die eigentliche Arbeit. Man kann sie nicht anders als durch Kontinuität im Arbeiten bewältigen. Viele Studenten, die ihr Studium abbrechen und einen Stereoladen, eine Kneipe oder eine kleine Reparaturwerkstatt für Autos aufmachen, sind nicht weniger intelligent als ihre Kommilitonen, die ihr Studium erfolgreich beenden, aber es fehlt ihnen die nötige Ausdauer. Kontinuität, langer Atem und gute Nerven sind ebenso wichtig wie Intelligenz, Anlage oder Interesse für das Fach.

Bei der Grobplanung vergißt man nur zu leicht, daß es wirklich keine geringe Sache ist, sich jeden Morgen um 9 Uhr an den Schreibtisch zu setzen und bis 12 Uhr zu arbeiten. Manch einer hat sich um 9 hingesetzt, Viertel nach 9 kurz nach der Post geschaut und am Abend festgestellt, daß er an diesem Tag nur eine Viertelstunde für sein Studium gearbeitet hat. Ein Brief, ein Strafzettel wegen falschen Parkens, eine Werbezeitung oder irgend etwas Derartiges war die Ursache. Das weitere, man kennt es ja, ergibt sich wie von selbst. Zum Telefonieren wegen des Briefes braucht man Groschen, dabei trifft man jemand, der einem sagt, daß die Liste für das Seminar des Herrn Prof. X schon ausliegt. Man beeilt sich, um sich einzutragen, kommt aber dann doch zu spät, ist sauer wegen des Strafzettels und der Frustration usw.

Bei der Grobplanung muß man ganz realistisch davon ausgehen, ob man wirklich imstande ist, 5 bis 6 Stunden täglich (Wochenenden ausgenommen) kontinuierlich, d.h. über Wochen und Monate hinweg am Schreibtisch zu arbeiten. Als Fazit dieser beiden Gesichtspunkte für die Grobplanung halte ich fest:

- Zur Grobplanung gehört es, Prüfungstermine rechtzeitig wahrzunehmen und die Zeit einzuteilen.
- Dabei unterschätzt man oft, welche Selbstdisziplin nötig ist, um sich hinzusetzen und anzufangen. Nicht selten ist die Anziehungskraft der Ablenkung unwiderstehlich.
- Will man seine Grobplanung einhalten, so braucht man langen Atem und vor allem Selbstdisziplin.

3. Das Problem der Unterbrechung

Ein weiterer Punkt, den es bei Grobplanung zu berücksichtigen gilt, betrifft alle Unterbrechungen, die sich gewollt oder ungewollt in der zur Verfügung stehenden Vorbereitungszeit ergeben können. Da ist zum Beispiel für unseren Fall (Anmeldung im September, Termin Mai) zu berücksichtigen, daß es Weihnachtsferien gibt, daß vielleicht die Hochzeit der Schwester oder die Goldene Hochzeit der Großeltern dazwischen fällt. Solche Anlässe, so abwechslungsreich sie auch sein mögen, bedeuten Unterbrechung des Arbeitsrhythmus. Und das hat Konsequenzen für den Wiederbeginn. Je nachdem, wie lange man seines Schreibtisches entwöhnt war, wird man wieder die Schwierigkeiten der Anlaufphase und der Einhaltung der Kontinuität zu bewältigen haben. Die Grobplanung muß hier realistischerweise nicht nur die Ferienzeit abziehen, sondern auch die Zeit, die jeder braucht, um sich gedanklich wieder dort einzufinden, wo er aufgehört hatte. Unterbrechungen können natürlich auch unfreiwilliger Natur sein, so die Grippe im Winter, die eine gute Woche kosten kann (oder eine Sportverletzung).

Die Konsequenz jeder Unterbrechung ist der Neubeginn, erneute Selbstdisziplin und eventuell Frustration.

4. Das Problem der Steigerung der Kondition

Die Steigerung der Arbeitsfähigkeit ist viel schwerer als man denkt. Vielleicht kommt einer auf die Idee zu rechnen, er schlafe 8 Studen, verbringe weitere 8 zum Kochen und Essen, zur Unterhaltung und Geselligkeit, so daß gut und gern weitere 8 zum Arbeiten übrigbleiben. Diese Rechnung geht selten auf. Geistige Arbeit ist anstrengend und nervenaufreibend. Hinzu kommt, daß geistige Arbeit, ungelöste Probleme, über die man reflektiert, einen noch im Schlaf, im Traum, beim Aufwachen und Duschen beschäftigen können. Ich glaube, dies ist einer der Hauptgründe, weshalb die Steigerung der Kondition bei der geistigen Arbeit ungemein schwer ist, vielleicht schwerer als die Steigerung der Kondition bei der Hand- oder körperlichen Arbeit.

Die wichtigste Voraussetzung für die Steigerung der Kondition ist die Einhaltung der Kontinuität. Denn wie jede andere Tätigkeit muß auch die geistige Arbeit in stetiger Übung gelernt werden. Wenn man drei Monate lang kontinuierlich 5 bis 6 Stunden am Schreibtisch gesessen hat, dann stellt man allerdings irgendwann fest, daß man ohne weiteres noch eine oder zwei Stunden dranhängen kann, wie dies vor allem in der letzten Phase der Examensvorbereitung, also kurz vor den Examina, häufiger der Fall ist.

Auf eine Gefahr in der Steigerung der Kondition muß ich jedoch hinweisen. Nicht selten kann man bei Menschen, die sich permanent im Streßzustand befinden, beobachten, daß sie irgendwann gar nicht mehr aufhören können. Sie überdrehen. So ging es mir nach der Promotion. Ich arbeitete immer weiter, so als ob die Examina noch nicht zu Ende wären. Dieses Nichtaufhören-können ist gewissermaßen die komplementäre Seite zu dem Problem des Anfangens. Der Organismus scheint träge zu sein, er braucht Gewöhnung und Training; deshalb ist es unbedingt nötig, daß man kurze Zeit nach den Examina verreist. Der Milieuwechsel, neue Eindrücke, Fernsein vom Schreibtisch, von Büchern und dem, was eigentlich zu Ende gebracht werden müßte oder sollte, ermöglichen und erleichtern einen neuen Tagesrhythmus. Man sollte aber nicht unmittelbar nach den Prüfungen Urlaub machen, sondern kurze Zeit danach, etwa drei bis fünf Tage nach der letzten Prüfung. Ein bis zwei Tage vergehen sowieso, bis man die Bücher aus den Bibliotheken zurückgegeben, seinen Schreibtisch aufgeräumt, den Papierberg wieder geordnet und vielleicht einen versäumten Arzttermin nachgeholt hat.

Wenn man nun alle diese und ähnliche Faktoren auf die zur Verfügung stehende Zeit bezieht, so muß man erstaunt feststellen, daß man keineswegs viel Zeit hat. Wieviel Monate man also nach Abzug all der hemmenden Faktoren berücksichtigen muß, hängt von der Fähigkeit zur Selbstdisziplin, Stetigkeit und einem gewissen Realitätssinn für die eigene Leistungskraft ab. Als eine grobe Orientierung möchte ich dennoch folgenden Tip geben:

> Bei der Grobplanung der zur Verfügung stehenden Zeit sollten Sie ca. 20% abziehen. Dabei gehe ich davon aus, daß Sie übers Wochenende nicht arbeiten, während Sie Mo.-Fr. täglich fünf Stunden im Durchschnitt am Schreibtisch sitzen.

II. Zwischen Grobplanung und Feinplanung

1. Spezialgebiete wählen

Zwischen der Grob- und der Feinplanung liegt die Zeit, in der die Entscheidung für Spezialgebiete gefällt werden muß. Welche Spezialgebiete man wählen kann, hängt von Studienrichtung, den in den Lehrveranstaltungen gebildeten Schwerpunkten und nicht zuletzt von Ihnen selbst ab. Es ist damit so bestellt, wie der deutsche Philosoph Fichte einmal sagte: Welche Philosophie man wähle, das hänge davon ab, was für ein Mensch man sei. In der Regel bespricht man die Spezialgebiete mit dem jeweiligen Prüfer. Das ist äußerst sinnvoll und für das gegenseitige Kennenlernen notwendig, denn der Prüfer muß wissen, was Sie wissen, er will prüfen, wie konsistent die Thesen, die Sie entwickelt haben, ineinander greifen, wie Sie Literatur bezogen haben, wie souverän Sie auf Querfragen reagieren, wie tief Sie in die Gebiete eingedrungen sind. Er will nicht wissen, was Sie nicht wissen, welche Details wohin gehören. Das Sich-in-Details-Verlieren ist ein beliebter Teufelskreis. Es macht oft Spaß, einem kleinen Detailproblem nachzuschnüffeln, aber es zahlt sich in der Prüfung meist nicht aus, und zwar deshalb, weil der Überblick, die Breite des Horizontes und die Linien der Strömungen dabei aus dem Blick geraten. Häufig kennt der Prüfer selbst nicht alle diese Details, die man sich so mühsam erarbeitet hat. Für die Festlegung der Spezialgebiete ist es also von dringender Wichtigkeit, sich mit dem Prüfer zu besprechen. Das sollten Sie mindestens in einem Vorprüfungsgespräch und einem Prüfungsvorgespräch tun.

2. *Das Vorprüfungsgespräch*

Es ist das erste inhaltsbezogene Gespräch über die Prüfung mit dem Prüfer. Man klärt ab, wieviele Spezialgebiete man vorzubereiten hat, wie lange jedes Gebiet geprüft wird und wie man methodisch vorzugehen gedenkt. Dabei empfehle ich, folgende fünf Punkte zu beachten:

a) Der Eindruck, den Sie bei dem Vorprüfungsgespräch hinterlassen, kann schon die Note vorprägen. Deshalb ist es unerläßlich, daß Sie gut vorbereitet sind und eigene Vorschläge und Alternativen bereithalten. Hilf- und Orientierungslosigkeit sind hier ebenso schädlich wie ein fertiges Konzept, das keine Flexibilität verträgt.

b) Themen, die Sie als Spezialgebiete für die Prüfung vorbereiten möchten, dürfen weder zu global noch zu speziell sein. Ein Gebiet wie „Anthropologische Grundlagen der Erziehung“ können Sie in 10 bis 15 Minuten nicht darstellen, weil es in dieser Formulierung zu global ist und keine Fragestellung enthält. Andererseits ist das Thema „Die Fragwürdigkeit der Zensurengebung“ auch wieder zu speziell. Hier können Sie das Ergebnis einiger empirischer Studien vortragen, wobei die Pointe schon in der Überschrift vorweggenommen worden ist. Während der Prüfer bei dem ersten Thema keine Vorstellung davon zu haben braucht, worauf Sie eigentlich hinaus wollen, weiß er bei dem zweiten Thema schon das Ergebnis, bevor Sie zu reden begonnen haben.

c) Entwickeln Sie also am besten eine Fragestellung, behandeln Sie ein Problem, und versuchen Sie dann, das, was Sie entwickelt und aus verschiedenen Positionen beleuchtet haben, in das große Gebiet der, sagen wir, Anthropologie und Erziehung einzuordnen. Erzählen Sie nicht Fakten über die englische Comprehensive School, weil Sie selbst ein Jahr in England waren und die englische Gesamtschule persönlich kennen, sondern versuchen Sie, Ihre Darstellung in einen größeren Zusammenhang, z.B. hier „Vergleichende Erziehungswissenschaft" einzubauen. Vergleichen Sie vielleicht einige Strukturen der englischen und deutschen Gesamtschule und bringen Sie u.U. auch einen Aspekt aus der schwedischen Gesamtschule herein.

d) Ich persönlich empfinde den Übergang von einem Spezialgebiet zum anderen in jeder Prüfung als die Gelenkstelle, an der der Prüfling seine Souveränität beweisen kann. In der Regel verläuft die Prüfung aber so, daß der Prüfer sagt: Gut, er möchte nun hier abbrechen und aus Zeitgründen zum nächsten Thema übergehen. Eine gelungene Prüfung erkennt man daran, daß sich solche Brüche innerhalb des Gespräches nicht ereignen. Im Idealfall sollte eine Prüfung ein Gespräch sein, das durchaus von einem Problem ausgeht, seine Exposition hat, sich entwickelt, Exkurse und Höhepunkte enthält und mit einem originellen Ausblick, einer Prospektive auf das Zukünftige hin endet. Wer sich indessen auf Abfragen einstellt, der braucht sich nicht zu wundern, wenn er katechisiert wird.

e) Mag sein, daß es leicht gesagt ist; ich sag's trotzdem: Eine Prüfung sollte ein Gespräch sein, das Sie steuern. Daß dies keine Utopie ist, habe ich mehrfach erlebt. Der Prüfungskandidat entwickelt zu jedem seiner Spezialgebiete einige Thesen. Der Prüfer kennt diese Thesen zwar nicht detailliert, aber doch der Tendenz nach, und zwar aus den beiden Vorgesprächen, nämlich dem Vorprüfungsgespräch und dem Prüfungsvorgespräch (vgl. D.IV). Jede These enthält soviel Stoff, daß die für dieses Spezialgebiet vorgesehene Prüfungszeit eingehalten werden kann, wobei die Vorbereitung gründlicher ist, als daß der Kandidat nach 10 Minuten über dieses Gebiet nichts mehr zu sagen weiß. Die Ergebnisse münden in eine These, eine Anspielung, einen Hinweis der Überleitung ins nächste Spezialgebiet, so daß der Prüfer ein Signal bekommt: „Jetzt könnten wir von mir aus zum nächsten Gebiet übergehen; hier sehe ich einen guten Anknüpfungspunkt für das nächste Spezialgebiet." Dies setzt voraus, daß der Kandidat ein Konzept entwickelt und es mit dem Prüfer eingehend bespricht. Ist dies der Fall, so wird es nicht sehr schwer sein, die Prüfung zu steuern. Ich möchte sogar meinen, daß viele Prüfer froh wären, wenn der Examenskandidat ihnen solche Hinweise geben würde, wie es weitergehen soll.

Diese 5 Gesichtspunkte dienen zur Herstellung einer natürlichen Kommunikation und zur Herabsetzung des Risikos, mit dem nun einmal jede Prüfung behaftet ist. Das Vorprüfungsgespräch scheint mir die beste Gelegenheit für die Durchsetzung der eigenen Interessen zu sein. Wer auf die Nutzung dieser Chance verzichtet, der muß damit rechnen, daß der Prüfer ihm ein Vorbereitungsgebiet vorschlägt, das er nicht ablehnen kann. Vorschläge sollten vom Examenskandidaten stammen; sie sollten bereits mögliche Gelenkverbindungen haben, weder zu eng noch zu global sein. Mit einem Wort: der Examenskandidat, der mit begründeten Vorschlägen für seine Spezialgebiete in ein Vorprüfungsgespräch geht, der hat seine Endnote bereits eingrenzen können. Hier nochmals Tips für die Gestaltung eines Vorprüfungsgesprächs:

- Schlagen Sie solche Fragestellungen, Spezialgebiete oder dergleichen vor, die Sie von irgendeiner Lehrveranstaltung her näher kennen.
- Nehmen Sie, wenn irgend möglich solche Gebiete, die Ihnen Spaß und Freude bereitet haben. Das ist bisweilen wichtiger als die Rücksichtnahme auf die Lieblingsthemen des Prüfers.
- Bereiten Sie sich intensiv auf dieses Vorprüfungsgespräch vor. Ich gehe davon aus, daß Sie den Prüfer kennen; auch setze ich voraus, daß Sie nicht solche Themenvorschläge einbringen, die Ihr Prüfer von A bis Z ablehnen würde. Der Normalfall dürfte wohl so sein, daß der Prüfer einen großen Teil der Vorschläge, die sinnvoll begründet werden, annimmt, bei einem Gebiet möglicherweise einen Alternativvorschlag macht und hier und da Modifikationen vornimmt.
- Halten Sie einen Alternativvorschlag selbst bereit für den Fall, daß eins Ihrer Gebiete dem Prüfer als ungeeignet erscheinen sollte.
- Während der Vorbereitungszeit für dieses Gespräch müßten Sie alle Gebiete, die Sie vorschlagen wollen, angelesen, Übergänge und Gelenkstellen hergestellt und die ganze Examensroute als ein sinnvolles Unterfangen begründet haben. Sie müssen entschieden auftreten, aber nicht dogmatisch sein, sondern flexibel bleiben. Sie müssen im Grunde inhaltlich informiert in ein Vorprüfungsgespräch gehen, einige Literatur mitnehmen. Der Prüfer sollte den Eindruck bekommen, daß Sie genau wissen, was Sie wollen, aber zu Konzessionen bereit sind, damit von vornherein ein ungetrübter Konsens über das Inhaltliche zustandekommt. Wenn Sie sein Zimmer verlassen, muß sich bei dem Prüfer der Eindruck verfestigt haben, daß es sich in diesem Fall um einen Kandidaten handelt, der fähig ist, selbständig zu arbeiten und sich selbst thematisch zu orientieren. Ein solcher Kandidat kann es sich leisten, nicht in jedem Punkt die Meinung seines Prüfers zu akzeptieren, und er muß seine Gründe haben, wenn er die Gebiete meidet, die zu den Lieblingsthemen des Prüfers zählen. Er braucht keine Angst vor der Prüfung zu haben, denn er weiß, was er weiß und was er nicht weiß. Und er wird den Mut haben einzugestehen, daß er sich mit diesem oder jenem Aspekt eines Themas nicht befaßt hat, wohl aber gründlich mit anderen. Mit einem Wort: Ein solcher Examenskandidat geht mit erheblich vermindertem Risiko in die Prüfungsvorbereitung und in die Prüfung.

3. Die Arbeit organisieren

Eine Entscheidung, die nach dem Vorprüfungsgespräch fallen muß, lautet: Will ich allein oder in einer Gruppe arbeiten? Diese Frage kann man sich natürlich auch vor der Vorbereitung auf das Vorprüfungsgespräch stellen.

Gehen wir davon aus, daß unser Fallbeispiel noch gilt, so hätte der Examenskandidat ca. 8 Monate Zeit (davon müßte er freilich, wie schon begründet, ca. 20% abziehen.) Für die verbleibenden 61/2 Monate also kann es schon zu spät sein, wenn er sich jetzt erst nach möglichen Kooperationspartnern umsieht. Sofern Prüfungen zu bestimmten Terminen stattfinden, wäre es wohl kein Problem, noch eine Gruppe per Anschlag (das ist der bescheidenste Weg, wenn man niemanden kennt) zu konstituieren. Bei terminlich weniger gebundenen Prüfungen (z.B. M.A.) muß man sich sehr viel früher nach Leuten umsehen, mit denen man sich versteht und zusammenarbeiten könnte.

Ob Sie lieber in der Gruppe oder allein arbeiten, müssen Sie selbst entscheiden. Empfehlenswert ist es in jedem Fall, mit anderen Examenskandidaten zusammenzukommen. Der Erfahrungsaustausch ist beruhigender, als man glaubt*. Man sieht zum Beispiel, daß andere auch ähnliche Probleme haben. Man schätzt sich selbst realistischer ein und vermeidet womöglich zu hohe Ansprüche an sich selbst, deren Unerfüllbarkeit einen Teufelskreis verursachen kann: übertriebener Anspruch – Unfähigkeit zu seiner Erfüllung – Erhöhung des Anspruchs – Potenzierung der Frustration bis hin zu völligem Schwund des Selbstvertrauens. Eine Gruppe hat zudem den Vorteil, daß Informationen und Exzerpte ausgetauscht werden können. Das regelmäßgie Treffen schafft ohnedies eine Art Institutionalisierung und nötigt einen in einen Rhythmus, den man ohne den Gruppenzwang bisweilen nicht streng genug einhalten würde.

---

* Vorsicht vor Angebern! Sie machen nur Panik! Behalten Sie kühlen Kopf und fragen Sie sie: „Wie bist du methodisch vorgegangen?“

3.1. Pro und Contra Gruppenarbeit

Es gibt Pädagogen, welche die Gruppenarbeit als die einzig wahre Lernform preisen. Man darf das aber nicht dogmatisch nehmen. Jede Verallgemeinerung ist falsch. Ich glaube, daß man keine absoluten Regeln dafür aufstellen kann, ob Alleingang besser oder schlechter ist als Gruppenarbeit. Nach wie vor gibt es viele Studenten, die allein besser lernen. Dafür läßt sich eine ganze Reihe von Begründungen zusammenstellen:

- Wenn jemand ein ausgesprochener Individualist ist, dann hat es keinen Sinn, daß er sich just bei der Examensvorbereitung unter Gruppenzwänge begibt, denen er sich als Individualist doch nicht zu fügen bereit sein wird.
- Wenn jemand besonders langsam lernt und dabei vielleicht gründlicher vorgeht oder vorzugehen glaubt, so hat es kaum Vorteile, wenn er sich einer Gruppe anschließt, die den Stoff rasch durchzuarbeiten vorhat.
- Wenn jemand nie gelernt hat, Termine einzuhalten, wenn er weiß, daß er besonders unzuverlässig ist und sich keiner Selbstdisziplin unterwerfen kann, so schadet es der Gruppenarbeit, wenn er trotzdem mitmacht und sich immer wieder irgendwelche Ausreden einfallen lassen muß.

Andererseits gibt es auch Gründe, die dafür sprechen, daß man sich einen Ruck geben sollte, um sich einer Gruppe anzuschliessen. Dies könnte der Fall sein:

- wenn jemand schüchtern, kontaktarm oder introvertiert ist. Hier wäre eine gute Gelegenheit, in einer kleinen Gruppe, die ein gemeinsames Problem hat, nach und nach aufzutauen.
- wenn jemand einen äußeren Anlaß, einen Terminzwang oder ähnliches braucht, um sich hinzusetzen. In diesem Fall nötigt ihn die Gruppenerwartung dazu, und die Gruppensolidarität gebietet, daß er seinen Teil der Arbeit gewissenhaft erledigt und darüber die anderen Gruppenteilnehmer informiert.
- wenn jemand aus keinem anderen Grund als dem blinden Zufall noch nie in einer Gruppe zusammengearbeitet hat, dann ist Examensvorbereitung eine gute Gelegenheit, in der Gruppe Erfahrungen zu sammeln.

Nach diesem Pro und Contra nun vier Tips zur Arbeitsorganisation generell, d.h. unabhängig von der Entscheidung, ob Sie nun in einer Gruppe oder allein arbeiten und sich auf das Examen vorbereiten wollen. Es sind allgemeine Hinweise, die Sie sowohl für die Gruppe, zu deren Arbeit Sie einen Beitrag leisten möchten, brauchen können, als auch für die Gestaltung Ihres individuellen Tages- bzw. Arbeitsrhythmus.

3.2. Vier Tips zur Arbeitsorganisation

Es gibt im Tagesrhythmus des Menschen Höhepunkte und Flauten. Der eine arbeitet gern und konzentriert nachts, wenn alles rundherum still, dunkel und nur sein Schreibtisch lichtüberflutet ist. Er schläft dann bis elf Uhr, ohne daß ihn die Außengeräusche stören. Der andere steht um sieben Uhr morgens auf, setzt sich um halb neun an den Schreibtisch bis 13 Uhr, macht dann eine ausgedehnte Mittagspause, die sich bis zum five o'clock tea hinzieht, und liest dann am Abend noch zwei, drei Stunden.

Erster Tip: Erkennen Sie Ihren Tagesrhythmus

Der erste Tip, den ich Ihnen zur Arbeitsorganisation geben kann, lautet daher: Versuchen Sie herauszufinden, wann Sie eigentlich welche Arbeiten gern und effektiv erledigen. Haben Sie nach dem Mittagessen eine Flaute, dann sollten Sie in dieser Zeit nicht gerade abstrakte Texte oder die monotonen Aufgaben für den Statistikkurs heranholen. Vielmehr sollten Sie mechanische Arbeiten verrichten, die bei der wissenschaftlichen Arbeit immer anfallen. Es gibt viel zu ordnen, wenn man Artikel für Artikel aus den Zeitschriften kopiert. Auch die Karteikarten, welche diese und andere Quellen bibliographisch erfassen, wollen alphabetisch geordnet und in die entsprechenden Rubriken Ihres Karteikastens untergebracht werden. Eine Arbeit wie Bibliographieren aus den Dokumentationssystemen (z.B. Bib. Report, Dopaed, Libri oder VLB-Katalog) nimmt Zeit in Anspruch, braucht aber keine hohe geistige Konzentration.

Es ist also wichtig, daß Sie Ihre leistungsstarken und -schwachen Zeiten, Ihre Arbeitsweise möglichst gut, d.h. bewußt kennenlernen. Für einen Nachtmenschen, der zwischen 22 und 3 Uhr am konzentriertesten arbeiten kann, bedeutet es den Verlust eines vollen Tages, wenn er von 23 bis 1 Uhr einen Fernsehkrimi anschaut. Dieser Einschnitt in den Arbeitsrhythmus ist schwer nachzuholen.

> – Zur systematischen Arbeit gehört es, seinen eigenen Tagesrhythmus herauszufinden und die verschiedenen Arbeiten, die anfallen (Einkaufen, Zeitunglesen, Bibliographieren, Fotokopieren, Exzerpieren, Schreiben etc.) mit den verschiedenen Abschnitten des Tagesrhythmus zur optimalen Übereinstimmung zu bringen.

Zweiter Tip: Vermeiden Sie Monotonie und Passivität

Es wäre geisttötend, 10 Tage lang in der Bibliothek zu sitzen und täglich sechs Stunden nichts anderes zu tun als zu bibliographieren. Trotzdem machen das viele, die eine größere Arbeit schreiben wollen, weil sie glauben, diese unvermeidliche Arbeit so rasch wie möglich hinter sich bringen zu müssen. Nachher sitzen sie vor einem Berg von Karteikarten, ordnen sie einen Tag lang alphabetisch, um sie hernach für sehr lange Zeit einzumotten.

Wissenschaftliche Arbeit darf nicht so stupide und monoton sein, denn sie lebt von Ideen, Einfällen, Assoziationen, neuen Verbindungen und Verknüpfungen, Beleuchtungen aus neuen Seiten usw. Wer mit hartnäckigem Sitzfleisch und monotoner Mechanik damit fertigzuwerden glaubt, der sollte seine Einstellung zu diesem Beruf überprüfen.

Auch fleißige Konsumenten von Literatur haben sicher festgestellt, daß sie nach zwei bis drei Stunden Lektüre kaum noch etwas aufnehmen. Was sich da vollzieht, scheint lediglich die Identifikation von Buchstaben durch das Auge zu sein.

Wissenschaftliches Arbeiten lebt von Aktivität, die mit Rezeptivität verknüpft ist. Weder ist es möglich, alles aus sich heraus zu schöpfen, weil man für den eigenen aktiven Innovationsbeitrag immer Informationen, Grundwissen, Anregungen und Denkmodelle braucht, noch ist es sinnvoll, alles nur um der Reproduktion willen zu rezipieren. Bloß passives Aufnehmen und Speichern wird für einen intelligenten Menschen unerträglich sein. Wenn ein begabter Mensch ein wissenschaftliches Fachbuch liest, so fragt er nach dem größeren Zusammenhang, notiert seine Kommentare, Einfälle und Assoziationen, stimmt dem Autor zu oder kritisiert ihn, liefert weitere Argumente oder Beispiele, die die

Thesen des Buches stützen oder stürzen, ja, bisweilen meckert und schimpft er über den Unfug, der da verzapft worden ist.

- Wissenschaftliche Arbeit lebt von der Verknüpfung der Rezeptivität mit der eigenen Produktivität. Monotonie und Passivität langweilen und demotivieren. Wenn die so angestrebte Integration des fremden Wissens mit der eigenen Erfahrung nicht gelingt, empfindet man oft den Wert dessen, was man liest, als Tauschwert: Wissen wird gegen Noten ausgetauscht.

Dritter Tip: Haben Sie Mut zur Lücke

Diesen Tip kann man leicht mißverstehen. Gemeint ist nicht, daß man überall nur halbe Sachen lernen sollte. Jedes Thema hat mehrere Aspekte und Hinsichten. Weder braucht man alle Aspekte detailliert zu kennen noch muß man Perfektionisten glauben, die sagen, man könne nur zu einer Einschätzung oder eigenen Meinung gelangen, wenn man sich durch die ganze Literatur hindurchgeknabbert hat. Mut zur Lücke heißt, daß selbst die besten Fachwissenschaftler nach dem Erarbeiten eines groben Überblicks über Gegenstandsbereich und Methoden ihrer Disziplin in einem oder zwei Problembereichen in die Tiefe gegangen sind. Haben Sie ein Spezialgebiet, so konzentrieren Sie sich zunächst auf die verschiedenen Zugänge und entscheiden Sie sich dann nach Absprache mit dem Prüfer für zwei bis drei Aspekte, Ansätze oder Hinsichten dieses Themas.

Ich betrachte das Examen als eine Art „Gesellenprüfung". Der Student soll zeigen, daß er die Art und Weise, wie eine wissenschaftliche Gemeinschaft lebt und webt, verstanden hat. Er muß zeigen können, daß er sich in der Fachsprache auskennt, daß er über ein gewisses Netz von zusammenhängender Information verfügt, daß er Methoden zur Gewinnung oder Verknüpfung weiterer Informationen kennt usw. Mut zur Lücke ist ein Tip, der aus diesem Hintergrund von Einstellung und Erwartung begründbar und sinnvoll erscheint. Ich habe mich entschlossen, diesen zu Mißverständnissen möglicherweise Anlaß gebenden Tip zu geben, weil ich aus meiner Studentenzeit mich mindestens an drei hochintelligente Kommilitonen erinnere, die nach wohl inzwischen 20 Semestern Studium an verschiedenen Fakultäten noch immer nicht die Idee für ihre Magisterarbeit perfekt genug expliziert haben. Ich kannte jemanden, der über Petrarcas Sonette promovieren wollte. Er war seit mehr als zehn Jahren dabei, reiste jedes Jahr nach Italien, stöberte in Universitäts- und diversen Klosterbibliotheken nach handschriftlichen Dokumenten, die von aufschließender Bedeutung für seine Dissertation sein könnten. Er sagte mir im Vertrauen, daß ihm die besten Ideen für seine Dissertation letztlich beim Schreiben eingefallen sind. Ein solcher Perfektionismus hat gewiß seine Berechtigung; der Aufwand steht aber wohl in keinem Verhältnis zum Ergebnis.

Mut zur Lücke bedeutet nicht naive Unwissenheit. Denn es gibt einen Unterschied, ob ich weiß, was ich ausgelassen habe, welche Aspekte es noch gibt, oder es nicht weiß. Mut zur Lücke heißt mit einem Wort bewußte, sinnvolle Reduktion des Themas auf ein für Prüfungszwecke verhandlungsfähiges Maß.

Vierter Tip: Organisieren Sie einen Kreislauf der Arbeit

Nehmen wir an, Sie sind ein Tagarbeiter und kein Nachtmensch. Nehmen wir weiter an, Sie setzen sich gegen 9 Uhr morgens regelmäßig an den Schreibtisch. Den Tagesrhythmus können Sie in drei Blöcke oder Zeitabschnitte einteilen, nämlich:

1. Block: von 9 bis 12 Uhr
2. Block: von 15 bis 18 Uhr
3. Block: von 20 bis 23 Uhr

Es gilt nun, die Arbeit so zu organisieren, daß das, was in Block 1 gemacht werden soll, am Vortag in Block 3 zurechtgelegt, vorbereitet, geplant wird. Ist dies nicht der Fall, so passiert das, was leider nicht selten einen ganzen Tag kostet. Man setzt sich morgens an den Schreibtisch, ist voller Energie und will anfangen, weiß aber nicht, was. Dieser Zustand führt, wie jeder weiß, dazu, daß man sich unbewußt (wohl aber nicht unbegründet) selbst ablenkt. Eine Anzeige, die man am Vortag in der Zeitung gelesen, aber nicht ausgeschnitten hatte, gibt einen willkommenen Anlaß. Man sucht die Zeitung und findet sie zuerst nicht. Dann erinnert man sich, daß sie ja im Auto liegt. Auf dem Weg zum Auto trifft man am Treppenhaus den Hausbesitzer, mit dem man ein paar Worte wechseln muß. Am Auto stellt man fest, daß die Zeitung etwas feucht geworden ist. Man geht der Sache nach und findet tatsächlich eine Roststelle, die man völlig übersehen hatte. Man holt Schmirgelpapier und Farbdose. Nach Abschmirgeln stellt man aber fest, daß die Farbe nicht mehr gut ist. Man fährt zum Farbengeschäft usw. usf.

Arbeitet man indessen so, daß man am Vortag schon alles, was für den ersten Block des nächsten Tages bestimmt ist, bereitlegt, dann wird die Gefahr der Selbstablenkung weitgehend gebannt. Bei mir persönlich habe ich die Erfahrung gemacht, daß die Aufnahme und Intensivierung dessen, was ich am Vortag gelesen hatte, einen relativ leichten Übergang in den neuen Arbeitstag ermöglicht hat. Häufig habe ich den letzten Block fürs Lesen reserviert, wobei ich am Rand meine Zeichen, Ideen und Kommentare (Kritik oder weitere Hinweise auf einen Zettel) notiert habe, um das am nächsten Tag mit einem zusammenhängenden, gründlicheren Exzerpt zu vertiefen.

Dazwischen liegt der Block 2, der sich zeitlich für Bibliotheksbesuche, Kopieren, für ein Gespräch im Anschluß an die Mensa und dergleichen eignet.

Machen wir uns keine Illusionen: Dies ist ein sehr schwerer Arbeitstag, und ich muß den vielleicht entstandenen Eindruck relativieren, als wenn ich 9 Stunden am Tag arbeiten würde. Das wäre ja ein Hundeleben! Examen aber ist Examen. Wer sich hier intensiv vorbereiten will, muß von einem Plan für einen 9-Stundentag ausgehen, damit er am Abend auf seine 5 oder 6 Stunden gekommen ist.

– Organisieren Sie Ihren Tagesrhythmus so, daß die Tagesabschnitte oder Arbeitsblöcke einander ergänzen, sich gegenseitig vervollständigen. Was am Abend gelesen werden soll, muß mittags kopiert werden. Es kann dann am nächsten Morgen exzerpiert werden. Verabreden Sie sich dann mit einem Menschen, den Sie mögen, zum Mittagessen und erzählen Sie ihm, was Sie gelesen, verstanden, rezipiert und exzerpiert haben. Versuchen Sie, mit ihm zu einer eigenen Einschätzung, einer Kritik oder Stellungnahme zu kommen. Bleibt ein Problem offen, so gehen Sie ihm nach.

III. Welche Faktoren sind bei der Feinplanung zu berücksichtigen?

Nachdem die Spezialgebiete, über die man sich prüfen lassen möchte, in einem ersten groben Anlauf zurechtgelegt oder halbwegs strukturiert und mit dem Prüfer in einem Vorprüfungsgespräch abgeklärt sind, kann die Feinplanung beginnen, (wobei es gut wäre, wenn sich Gruppen von zwei bis drei Kandidaten mit gleichen oder ähnlichen Spezialgebieten zusammenfänden). In der Feinplanung werden die Spezialgebiete intensiv und in der für sie jeweils vorgesehenen Zeit vorbereitet.

1. Faktor Zeit

Haben Sie jemals auf die Uhr geschaut, wieviele Seiten Sie in der Stunde lesen? Natürlich hängt das vom Abstraktionsniveau, dem Druckspiegel, den Drucktypen, der Größe der Seiten, dem Zeilenabstand usw. ab. Allein schon die Größe der Drucktypen und die Zahl der in einer Zeile bzw. auf einer Seite untergebrachten

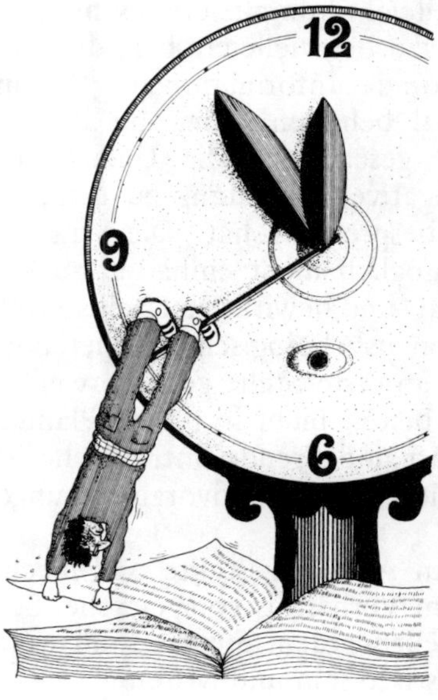

Buchstaben hat eine ungeahnte Wirkung. Offenbar verzeichnen viele Leser ein intuitives Erfolgserlebnis, wenn sie feststellen, daß sie ein dickes Buch in relativ kurzer Zeit gelesen haben. Andererseits kann es demotivierend wirken, wenn man wochenlang dasselbe Buch auf seinem Schreibtisch liegen sieht.

Für den Faktor Zeit ist diese psychologische Wirkung nicht unwichtig. Nehmen wir an, Sie haben für ein Spezialgebiet 5 Bücher und 7 Artikel aus Sammelbänden bzw. Zeitschriften zusammengestellt. Die zur Verfügung stehende Zeit für dieses Spezialgebiet ist mit vier Wochen veranschlagt. Haben Sie angesichts dieser Fülle ohnedies eine eher resignative Stimmung, so fangen Sie wenigstens mit dem Buch an, dessen technische Herstellung so beschaffen ist, daß Sie mit einem relativ raschen Vorwärtskommen rechnen können. Dieser psychologische Tip ist auch in einer anderen Hinsicht wichtig. Wer regelmäßig Literatur zu einem Gebiet bezieht, der wird festgestellt haben, daß nach einer gewissen Zeit und vor allem dann, wenn man auf einem gewissen Informationsstand angekommen ist, die Information redundant wird. Während die Lektüre der ersten drei Texte in vieler Hinsicht neu ist, reduziert sich das Neue zunehmend; gleichzeitig wiederholt sich das Bekannte. Fängt man mit einem dicken, hochtheoretischen und im Stil vielleicht kompliziert geschriebenen Wälzer an, so trägt man selbst dazu bei, vielleicht bald die Lust zu verlieren. Die Fülle und Präzision der Information entgeht einem, weil man nicht alles auf einmal behalten kann. Zur Panik, mit der Zeit nicht hinzukommen, gesellt sich die Unlust, und das Ganze bewirkt eher eine negative Einstellung zu dem, was man schon mit seinem Prüfer besprochen hat. Die Angst, eingegangene Verpflichtungen womöglich nicht einhalten zu können, ist lähmender, als man denkt, und bewirkt eine selbsterfüllende Prophezeihung. Ich habe den psychologisch-motivierenden Aspekt des Faktors Zeit deshalb an erste Stelle gestellt, weil ich glaube, daß wissenschaftliches Arbeiten nicht in bloßer Planung aufgeht. Innere Bereitschaft, Lust und Freude, intrinsische (d.h. von innen stammende) Motivation sind Grundvoraussetzungen für geistige Arbeit.

Jetzt kann die am Anfang gestellte und mechanistisch klingende Frage nach dem Verhältnis von gelesener Seitenzahl in der Stunde nochmal gestellt werden. Für die Einhaltung der Feinplanung müssen Sie realistisch sein und wissen:

- Wieviele Seiten lese ich durchschnittlich in der Stunde, wenn es sich um einen wissenschaftlichen Text mittleren Abstraktionsniveaus handelt?
- Wieviele Stunden kann ich konzentriert lesen?

Jetzt können Sie überschlagen, ob die veranschlagten vier Wochen tatsächlich ausreichen, um das Informationsmaterial zu bewältigen.

2. Faktor Schnelligkeit

Es gibt Methoden des Lesens, die es ermöglichen, einen dicken Roman in wenigen Stunden zu lesen. Solche Methoden zu lernen, kann nicht schaden. Allerdings dürften sie für wissenschaftliche Texte wenig nutzen, denn das Aufnehmen einer theoretischen Reflexion braucht Zeit. Man muß nachzuvollziehen versuchen, was andere gedacht, erforscht und erkannt haben. Es ist eine völlig andere Lektüre als die einer epischen Beschreibung.

Schnelligkeit erreicht man im wissenschaftlichen Arbeiten im Prinzip nur dadurch, daß man sich ein Basiswissen aneignet, so daß die Literatur zunehmend redundant erscheint. Hat man über ein Thema schon 300 Seiten gelesen, so werden das nächste Buch, der nächste Artikel, die nächste Abhandlung in Aufbau und Struktur, Differenziertheit und Reflexionsniveau, Informationsgehalt und Originalität viel schneller erfaßt. Man gelangt immer schneller zu einer adäquaten Einschätzung, je mehr man über ein Thema weiß, je tiefer man selbst darüber aktiv nachgedacht und vielleicht einige Thesen formuliert hat. Dies ist vielleicht einer der wesentlichen Gründe dafür, daß Vorlesungen in Pädagogik, Soziologie, Philosophie oder ähnlichen Fächern den Anfängern so wenig geben, obwohl sie fleißig mitschreiben.

Für die Feinplanung ist der Faktor Schnelligkeit wichtig, weil zu Beginn der Beschäftigung mit jedem neuen Spezialgebiet die Arbeit sehr langsam und erst mit Zunahme des Wissens auf diesem Gebiet schneller vorangeht. Dies hat zwei Wirkungen. Zum einen macht ein Spezialgebiet nicht selten erst dann Spaß, wenn man eigentlich damit aufhören müßte. Dies verführt viele Examenskandidaten zum Übereifer und zum Phänomen des Nicht-Aufhören-Könnens. Sie überziehen die geplante Zeit für das Spezialgebiet, das sie mit viel Mühe nun strukturell in den

Griff bekommen haben. Die Linien werden immer durchsichtiger, das Problem wird immer klarer, das Reflexionsniveau höher. Mit dem immer tieferen Eindringen in die Problematik entwickelt man verständlicherweise Erfolgserlebnis und Freude. Man rezipiert immer weitere Literatur. Die Gefahr ist, daß diese Zeit den anderen Spezialgebieten verlorengeht, so daß letztlich die intensive Beschäftigung mit dem einen Spezialgebiet auf Kosten des nächsten Spezialgebietes erfolgt.

Zum anderen fällt es mit dem Grad der Tiefe und Intensität, den man bei dem einen Spezialgebiet erreicht, zunehmend schwerer, mit dem nächsten zu beginnen, denn dies bedeutet immer, daß die Hürden des Anfangs überwunden werden müssen. Die Folge ist, daß man Lieblingsgebiete entwickelt. Das kann ein Risiko werden. Was tun, wenn der Prüfer z.B. sagt: „Ich sehe, Sie beherrschen dieses Thema gut. Also gehen wir zum nächsten."?

3. Faktor Wiederholung

Dem Faktor Wiederholung wird sehr häufig eine zu geringe Bedeutung beigemessen. Unser Gedächtnis täuscht uns oft. Sachen, Namen, Fakten, die wir im Augenblick souverän beherrschen, und zwar so, daß wir meinen, es niemals vergessen zu können, fallen uns nach wenigen Wochen kaum noch ein. Vergessen hat aber positive wie negative Seiten. Lehrer, die sich darüber aufregen, daß Kinder die dritte Deklination trotz mehrfacher Wiederholung immer noch nicht auswendig könnten, stellen nicht in Rechnung, daß der Mensch sich durch Vergessen entlastet und dadurch gewissermaßen Freiräume für weitere Entwicklungs- und Lernprozesse schafft.

Exzerpte, Ideen und Kommentare, die sich bei der Lektüre angesammelt haben, müssen systematisch wiederholt werden, wenn nicht die ganze Arbeit umsonst gewesen sein soll. Bei der Organisation der Arbeit (vgl. 3.2.) habe ich die Empfehlung ausgesprochen, einen Kreislauf zu bilden, der sich selbst aufrechterhält. Wenn man lieber abends liest, so sollte man morgens mit dem Exzerpt, mit der Formulierung eigener Thesen oder Gedanken, mit der Systematisierung anfangen, um den Faden dort wieder aufzunehmen, wo man ihn am Vortag liegengelassen hatte. Die dabei zutage tretende neue Literatur müßte dann mittags besorgt werden, damit sie am Abend gelesen werden kann. So bildet man einen Kreislauf von Rezeption (Lektüre), Aktivität (Systematisieren, Kritisieren, mit anderen darüber reden), Kontinuität (Besorgen neuer Literatur, weitere Umschau und Vertiefung). Diese Art der Wiederholung vollzieht sich permanent im Prozeß der Vorbereitung auf ein Spezialgebiet.

Die zweite Art der Wiederholung, für die unbedingt Zeit veranschlagt werden müßte, ist die Schlußwiederholung kurz vor dem Examenstermin. Eine Woche vor den Examina darf keine neue Literatur mehr einbezogen werden, weil das Unruhe, Panik und Aufregung mit sich bringen kann. Was bis dahin nicht geschafft wurde, kann in der nervösen Spannung der letzten Tage auch nicht sinnvoll erledigt werden. Eine Woche vor dem Examenstermin sollte man nur noch wiederholen, einige Thesen entwickeln und sie in eine Art Referat zusammenfassen. Diese Festlegung der Route gibt einem eine Stütze, weil man weiß, was man zu sagen hat. Und geprüft wird ja in der Regel, was man weiß, denn das unendlich Viele, das man nicht weiß, prüfen zu wollen, wäre ein sinnloses Unterfangen.

4. *Faktor Selbstdisziplin*

(Selbst)Disziplin in der Einhaltung des selbst auferlegten Planes fällt einem nicht leicht. Der einzige Trost besteht darin, daß man keiner Fremdbestimmung folgt. Die Pflicht, sich um 9 Uhr an den Schreibtisch zu setzen und sich bis 12 Uhr durch nichts ablenken zu lassen, bedeutet nicht, daß man fremde oder entfremdete Arbeit zu verrichten hat.

Nach meinen Erfahrungen haben Examenskandidaten mit zwei verschiedenen, ja entgegengesetzten Kräften zu kämpfen, die den Tagesrhythmus teilweise oder ganz stören können. Den ersten Störfaktor kennen viele Studenten. Es ist zunächst das Problem, sich zum Anfangen zu überwinden. Sodann macht es vielen, die angefangen haben, offenbar Schwierigkeiten, auch sitzen zu bleiben und sich zu konzentrieren. Diese Probleme des Anfanges und Ausharrens sind, wie gesagt, bekannt. Oben habe ich einiges dazu ausgeführt (vgl. Grobplanung)

Setzt man nun voraus, daß der Examenskandidat diese Probleme durch Selbstdisziplin überwunden hat und seinen Arbeitsplan ziemlich einhält, so wird man feststellen, daß man es mit einem zweiten Störfaktor zu tun bekommt. Es ist das Zuviel an Arbeit, das manchmal eine geradezu unabwendbare Eigendynamik entwickelt und das sich für die Examenszwecke meist nicht auszahlt. Die Unzufriedenheit über einen verschwommenen Begriff führt zu einem falschen Ehrgeiz. Man liest, sucht, recherchiert, stellt eine regelrechte Jagd nach diesen Begriffen an, verbohrt sich in zahllose Details, statt sich einer der vorhandenen, vernünftig und vertretbar erscheinenden Definitionen anzuschließen, und zwar in Kenntnis der anderen Begriffsbestimmungen. Diese ganze Mühe, so bewundernswert sie an sich auch sein mag, ist für die Zwecke der Prüfung möglicherweise unangemessen. Die Arbeit, Zeit und Energie, die dafür aufgewendet werden, verursachen womöglich ein unproportionales Verhältnis in der für jedes Spezialgebiet vorgesehenen Stoff-Zeit-Relation.

Dort, wo man also sieht, daß die Sache Spaß macht, weil man allmählich die Zusammenhänge, Lücken und Strukturen überschaut und dies zum Anlaß nimmt, um sich in ein Detailproblem zu vertiefen, muß man sich fragen, wie angemessen diese zu erbringende Leistung im Verhältnis zu dem steht, was man dann in der Prüfung „bringen" kann. Ich weiß, daß selbst dann nicht leicht ist, aufzuhören, wenn man erkennt, daß dies sozusagen ein freiwilliges Zuviel ist. Denn die Sache macht Spaß, sie verselbständigt sich gewissermaßen und entwickelt nun eine Eigendynamik. Jeder, der wissenschaftlich gearbeitet hat, kennt dieses schöne und befriedigende Gefühl der Erfüllung. Dennoch muß ich die Empfehlung aussprechen, daß man sich hier zügeln sollte, falls dadurch die Einhaltung der Feinplanung gefährdet ist. Das Problem geht einem ja nicht verloren, und verbissenes Weitermachen und bohrende Insistenz führen selten zum Erfolg. Immanuel Kant hat einmal gesagt: Es gibt Probleme, über die man nicht andauernd, sondern anhaltend nachdenken sollte. In dem vortrefflichen Doppelsinn des Wortes „anhaltend" (innehalten und kontinuierlich fortsetzen) kommt genau das Phänomen zum Vorschein, über das so mancher Examenskandidat wochenlang gebrütet hat. Hier empfiehlt sich Distanz und Maßhalten.

Abschließend möchte ich erwähnen, daß die (Selbst)Disziplin eine Fähigkeit ist, die jeder erlernen, langfristig entwickeln und kultivieren, stetig einüben und steigern kann. Sie können sicher sein, daß die Einhaltung des auch aus Einsicht und mit Realitätssinn aufgestellten Arbeitsplanes Selbstüberwindung und Selbstdisziplin erfordert. Wenn aber die Einhaltung des Arbeitsplanes durch Selbstdisziplin gelingt, ist und wirkt man zufrieden, ausgeglichen. Man erlebt, daß diese innere Ausgeglichenheit zum intensiven Zuhören, Eingehen auf Kommunikationspartner, Verständnis für die Situation anderer Menschen, mit einem Wort zum Ausgleich befähigt, und dies erzeugt und steigert die Selbstachtung. Wer sich selbst nicht achtet oder liebt, akzeptiert oder schätzt, wird solche Gefühle auch anderen Menschen gegenüber nicht entwickeln können.

- Bruch der Selbstdisziplin und Rückfälligkeit beim Rauchen haben eine starke Affinität. Eine einzige Ausnahme kann die Regel bestätigen.

IV. Das Prüfungsvorgespräch

Selbstbewußt, weil gut vorbereitet, und zugleich flexibel, weil nicht allwissend, stolz auf den durch Selbstdisziplin eingehaltenen Arbeitsplan und zugleich bescheiden, um keinen psychologischen Fehler zu machen, kann jetzt der Examenskandidat seinen Prüfer aufsuchen, um ihm über seine Vorbereitung zu berichten. In diesem vier Wochen vor den Examina stattfindenden Gespräch wird das Ziel des Kandidaten darin bestehen, die Zusammenhänge innerhalb der einzelnen wie zwischen den Spezialgebieten sinnvoll und im Überblick darzustellen.

- Der Eindruck, den Sie bei diesem Gespräch hinterlassen, ist entscheidend für die Bewertung der mündlichen Prüfung. Nur selten wird dieser Eindruck in diametral entgegengesetzter Weise revidiert.

Es hängt vom menschlichen Verhältnis des Prüfers zum Prüfling ab, ob ein solches Prüfungsgespräch, also die Generalprobe des mündlichen Examens, im Sprechzimmer oder in einer gelockerten Atmosphäre stattfindet. Einige Professoren geben dem Prüfungsvorgespräch den Rahmen eines Arbeitsessens, das sich vor allem bei ihren Doktoranden auf das Zwei- bis Dreifache der für die Prüfung vorgesehenen Zeit erstrecken kann. Der unbestrittene Vorteil solcher Kommunikationsform besteht darin, daß beide Gesprächspartner sich viel besser einschätzen lernen. Auch die Tiefe des Wissens und der Grad der Reflexion auf das Fach, seine Methoden und Grundlagen tritt in solchen Gesprächen objektiver zum Vorschein als in der doch häufig artifiziellen Prüfungssituation. Schließlich ist der Mensch kein Computer, der auf Abruf alle gespeicherten Informationen so formvollendet und präzise wie bei der Programmierung parat haben kann. Aber solange an der Realität, daß – und zwar in einer bestimmten Form – geprüft wird, nichts zu verändern ist, muß man sich darauf einstellen, sofern man auf die Prüfungserfolge nicht verzichten will. Im folgenden möchte ich einige Hinweise für das Prüfungsvorgespräch geben.

1. *Literaturliste mitnehmen*

Das mindeste, was Sie zum Prüfungsvorgespräch mitbringen sollten, ist eine Bibliographie all der Werke, Abhandlungen und Aufsätze, die Sie für Ihre Spezialgebiete intensiv bearbeitet haben. Diese Bibliographie sollte so exakt wie möglich sein, damit der Prüfer sich eine Vorstellung von Ihrer Vorbereitungsarbeit machen kann. Wenn Sie nur ein Kapitel aus einer Monographie für Ihre Zwecke bearbeitet haben, dann sollten Sie nicht den Eindruck erwecken wollen, als hätten Sie das ganze Buch benötigt oder intensiv bearbeitet, sondern angeben, auf welches Kapitel Sie sich insbesondere beziehen. Überhaupt ist hier höchste Vorsicht geboten, denn es ist von entscheidender Bedeutung, ob Sie das, was Sie selbst als bearbeitete Literatur angeben, auch wirklich beherrschen. Nach meinen Erfahrungen neigen die meisten Studenten dazu, nur die Literatur aufzulisten, die von funktionaler Bedeutung für ihre Spezialgebiete ist. Aber ich habe auch einen Fall erlebt, bei dem der Prüfungskandidat nicht einmal das zusammenhalten konnte, was er bearbeitet zu haben vorgab. Daß Prüfer auf solche Aufschneiderei besonders empfindlich reagieren, scheint mir verständlich.

2. Thesenpapier ausarbeiten

Ambitiösen Studenten, aber auch solchen, die ihre Prüfung optimal zu steuern beabsichtigen, empfehle ich, für jedes Spezialgebiet ein Thesenpapier von ca. 1 DIN A 4 Seite zu schreiben. Die wichtigsten Denkschritte werden abstrakt formuliert (3 bis 5 Thesen). Jeder Prüfer kann nun die Thesen darstellen lassen und vertiefende Fragen stellen. Beispiele sollten nicht in das Thesenpapier aufgenommen, sondern für die Erläuterung der Thesen parat gehalten werden. Wer derart kommunikativ vorgeht und den Dialog mit seinem Prüfer sucht, der vermindert das Prüfungsrisiko auf ein Minimum. Insofern empfiehlt es sich schließlich, zwischen dem Vorprüfungsgespräch und dem Prüfungsvorgespräch den Prüfer in seiner Sprechstunde aufzusuchen, die eingeschlagene Route zu beschreiben und seine Rückmeldung zu registrieren.

E. HINWEISE ZUR VERBESSERUNG DES SPRACHLICHEN AUSDRUCKS

Es ist nicht möglich, das Sprachliche vom Psychologischen zu trennen. Jede Körperbewegung, Mimik und Gestik, jede Wortwahl und Betonung, kurz Sprache im umfassenden Sinne, mit deren Hilfe wir uns mit anderen Menschen verständigen, wirkt psychologisch. Schon die Lautstärke, in der wir jemanden um etwas bitten, kann Bitte in Befehl pervertieren. Eine Umstellung der Wörter in einem Satz kann zu Verzerrungen, ja bisweilen sogar zu Mißverständnissen führen. Ein Beispiel:

a) Das weiß nicht einmal ich.
b) Nicht einmal das weiß ich.

Bei gleichbleibenden Wörtern ist der Sinn des ersten Satzes mit dem des zweiten nicht identisch. Es wird in beiden Aussagen zwar die Unkenntnis des Sprechers über einen Sachverhalt zum Ausdruck gebracht. Aber wie sieht es mit der psychologischen Wirkung aus? Während das Ich des ersten Satzes eine sehr hohe, vielleicht zu hohe Selbsteinschätzung offenbart, scheint das Ich des zweiten Satzes am Boden zerstört zu sein. „Auf diese Frage weiß niemand eine Antwort, nicht einmal ich, der kluge, gebildete, belesene, schlaue, pfiffige usw. Mensch", so ließe sich der erste Satz deuten. Verzweifelt hingegen das Ich des zweiten Satzes: „Schwere Fragen zu beantworten, ist sowieso nie meine Sache, leichte Fragen kann ich gelegentlich richtig beantworten, aber jetzt bin ich so verwirrt, daß ich nicht einmal die leichteste Frage beantworten könnte."

Es zeigt sich nun schon, worin das Ziel dieses Kapitels besteht. Das Sprachliche im umfassenden Sinne steht im Zentrum, ihre psychologischen Wirkungen auf den Gesprächspartner, ihre reichhaltigen Schattierungen und Nuancen sollen bewußt gemacht werden. Manch Examenskandidat hat durch eine geschickte Formulierung eine kritische Situation vor allem in der mündlichen Prüfung retten können. Gibt es typische Situationen, die in einer Prüfung vorkommen können, für die man eine Formulierung bereithalten sollte? Was machen Sie zum Beispiel, wenn Sie das Gefühl haben, daß der Prüfer Sie womöglich in seiner Begeisterung mit mehreren Fragen überschüttet, und kaum daß Sie angefangen haben, schon weitere zwei an Sie richtet? Welche psychologische Wirkung erzielen Sie, wenn Sie die Prüfung mit einer wörtlich auswendig gelernten Definition beginnen? Haben Sie sich jemals überlegt, ob es ratsam wäre, das, was Sie inhaltlich vorbringen möchten, stellenweise auswendig zu lernen? Mit diesen und ähnlichen Fragen befaßt sich das Kapitel, dessen Ziel darin besteht, für die Sprache und ihre psychologische Wirkung zu sensibilisieren.

I. Die psychologische Wirkung der Sprache

Ein guter Schauspieler stellt sich vor den Spiegel und übt seine Rolle; er versucht, seine Mimik und Gestik genau mit dem Text zu koordinieren. Optimale Wirkung beim Zuschauer erzielt man nicht nur durch Requisiten, Kleidung, Bühnenbild usw., sondern auch und vor allem durch schauspielerische Leistung.

Von Ausnahmen abgesehen, gibt es meines Wissens kaum einen Examenskandidaten, der über solche Dinge auch nur reflektiert. Der Stoff allein, so glaubt man durchweg, beherrscht die Szenerie, und wer durchfällt, der hat nur zu wenig gewußt. Daß dies nicht immer zutrifft, weiß man inzwischen. In der Besprechung heißt es dann: „Sie wissen zwar nicht wenig, aber Sie haben es nicht geschafft, Ihr Wissen in der zur Verfügung stehenden Zeit systematisch darzustellen. Aus diesem Grunde sind wir zu dem Ergebnis gekommen, daß dies eine nicht ausreichende Prüfung war. Die Note ist ‚mangelhaft'."

Eine Prüfung zu bestehen, ist keineswegs immer nur eine Frage der systematischen Paukerei oder Stoffhuberei. Wer ein richtiges Wort in der richtigen Zeit mit der richtigen Intonation spricht, der besteht nicht nur die Prüfung, sondern er läßt sich seine Souveränität durch die Prüfung bestätigen. Dies klingt vielleicht etwas überzogen. Man kann das aber durch bewußte Sensibilisierung lernen und im Alltag üben. Nun ist es aber äußerst schwierig, die Sensibilisierung didaktisch zu vermitteln. Zu groß ist die Gefahr, daß man nur „Allgemeinplätze" äußert oder Rezepte empfiehlt. Grundsätzlich möchte ich deshalb Studenten empfehlen, an Gesprächsgruppen, TZI-Veranstaltungen (d.h. Themenzentrierte Interaktion), Sensitivity-Trainings-Wochenenden oder dergleichen teilzunehmen. Solche Kurse und Gesprächskreise, in welcher Form auch immer, sensibilisieren den Menschen für den Mitmenschen, weil hier die offene Rückmeldung über den anderen, über Gefühle und Verletzungen des eigenen Wohlbefindens u.ä. als Spielregeln gelten. In der Dynamik, die sich in jeder solchen Gruppen entwickelt, laufen Prozesse ab, die man aus keinem Buch lernen kann. Das muß man selbst (mit) erleben.*

Für die Zwecke dieses Kapitels wähle ich drei Beispiele, um klarzumachen, worum es geht. Es geht um die Sensibilisierung für das richtige Wort im rechten Augenblick, und zwar nicht nur in Prüfungssituationen, sondern auch ganz allgemein.

1. *Erstes Beispiel: Liebe sozusagen*

Der folgende Auszug stammt aus dem Roman „Bekenntnisse des Hochstaplers Felix Krull" (2. Buch, 9. Kap.) von Thomas Mann. Wir lauschen dem Dialog zwischen Felix, der als Liftboy in einem Pariser Luxushotel eingestellt ist und mit dieser Funktion zugleich auch den Namen seines Vorgängers „Armand" geerbt hat, und einem Hotelgast, einer extravaganten Schriftstellerin, die Armands Herz zum Schmelzen bringt:

---

* Wer dennoch zu einem Buch greifen will, dem empfehle ich: Roger Mucchielli: Gruppendynamik. Theoretische Einführung und praktische Übungen. Salzburg 1972 (Otto Müller).

»Erlauben Sie, daß ich Sie endlich von Ihren Lasten befreie, Madame, und sie Ihnen auf Ihr Zimmer trage!«
Damit nahm ich ihr die Pakete ab, sammelte sie einzeln von ihr ein und folgte ihr damit, meinen Lift einfach im Stich lassend, den Korridor entlang. Es waren nur zwanzig Schritte. Sie öffnete zur Linken No. 23 und betrat, mir voran, ihr Schlafzimmer, dessen Tür zum Salon offenstand, – ein luxuriöses Schlafzimmer, parkettiert, mit großem Perserteppich, Kirschholzmöbeln, blitzendem Gerät auf dem Toilettetisch, einer breiten, mit gestepptem Atlas bedeckten Messing-Bettstatt und einer grausamtenen Chaiselongue. Auf diese sowie auf die gläserne Platte des Tischchens legte ich die Pakete, während Madame ihr Barett abnahm und ihre Pelzjacke öffnete.
»Meine Zofe ist nicht zur Hand«, sagte sie. »Sie hat ihr Zimmer eine Treppe höher. Würden Sie Ihre Aufmerksamkeit vollenden, indem Sie mir aus diesem Kleidungsstück helfen?«
»Mit außerordentlichem Vergnügen«, erwiderte ich und machte mich ans Werk. Während ich aber damit beschäftigt war, ihr das erwärmte, mit Seide gefütterte Pelzwerk von den Schultern zu streifen, wandte sie den Kopf im reichen braunen Haar, worin über der Stirn eine gewellte weiße Strähne, erbleicht vor dem übrigen, sich freimütig hervortat, zu mir herum, und indem sie die Augen zuerst kurz aufriß, sie dann jedoch zwischen den wieder verengten Lidern traumhaft verschwimmen ließ, sprach sie das Wort:
»Du entkleidest mich, kühner Knecht?«
Eine unglaubliche Frau und sehr ausdrucksvoll! Verblüfft, aber gefaßt, ordnete ich meine Antwort wie folgt:
»Wollte Gott, Madame, meine Zeit erlaubte mir, den Dingen diese Deutung zu geben und in einer so reizenden Beschäftigung nach Belieben fortzufahren!«
»Du hast keine Zeit für mich?«
»Unglücklicherweise nicht in diesem Augenblick, Madame. Mein Ascenseur wartet draußen. Er steht offen da, während von oben und unten nach ihm geläutet wird und vielleicht in diesem Stockwerk Gäste sich vor ihm ansammeln. Ich würde meinen Posten verlieren, wenn ich ihn länger vernachlässigte ...«
»Aber du hättest Zeit für mich, – wenn du Zeit für mich hättest?«
»Unendlich viel, Madame!«
»*Wann* wirst du Zeit für mich haben?« fragte sie, wiederholt zwischen der jähen Erweiterung ihrer Augen und dem schwimmenden Blicke wechselnd, und trat in dem eng den Körperformen sich anschmiegenden Tailormade von blaugrauer Farbe, das sie trug, dicht vor mich hin.
»Um elf Uhr werde ich dienstfrei sein«, erwiderte ich gedämpft.
»Ich werde dich erwarten«, sagte sie in demselben Ton. »Dies zum Pfande!« Und ehe ich mich's versah, war mein Kopf zwischen ihren Händen und ihr Mund auf dem meinen, zu einem Kuß, der recht weit ging – weit genug, um ihn zu einem ungewöhnlich bindenden Pfande zu machen.

Statt viele Worte zu machen, sich lang zu zieren, um das Gespräch krampfhaft auf Schleichwegen in die gewünschte Bahn zu lenken, sagt sie kurz und vortrefflich den für diese Situation unüberbietbaren Satz: „Du entkleidest mich, kühner Knecht?" Und alles, was Thomas Mann als Meister des Stils durch Gestik hinzufügt, vollendet das Wort. Und Armands Antwort – nun das spricht für sich.

Hand aufs Herz: Haben Sie als Examenskandidat einmal daran gedacht, mit welchem Satz Sie in der mündlichen Prüfung beginnen wollen? Wenn ja: Haben Sie die Syntax dieses Satzes darauf geprüft, ob sie sich nahtlos in Ihre sonstige Redeweise einfügt? Haben Sie diesen Satz fünf oder sechs Mal vor einem Spiegel ausgesprochen? Haben Sie ihn dann vielleicht auf Band oder Kassette aufgenommen, um zu hören, ob Lautstärke, Intonation, Geschwindigkeit, Aussprache usw. sich zu einem Sinnganzen vereinigen?

2. Zweites Beispiel: Politik sozusagen

Als im Sommer 1981 die Regierungskoalition SPD/F.D.P. in einer ernsthaften Krise steckte (die Gründe sind hier uninteressant), herrschte in Bonn nervöse Spannung darüber, ob die sozialliberale Koalition zusammenbrechen würde. Noch vor einer entscheidenden Sitzung glaubte man, daß diese Koalition ihre „Risse und Brüche", so die Medien, nicht werde überleben können. Und dann hieß es plötzlich und zur allgemeinen Überraschung, daß die Krise beigelegt sei und daß die Koalition „wie eine eins" stehe. Soweit die Situationsschilderung.

Als nun endlich der deutsche Außenminister und Vizekanzler Hans-Dietrich Genscher, sichtlich strapaziert, aus einer Marathonsitzung herauskam, stürzten sich die neugierigen Journalisten auf ihn und fragten, ob es richtig sei, daß sich die Koalitionspartner wieder geeinigt hätten. Genscher, der sich nicht aufhalten ließ, antwortete, indem er weiterging, daß er dies bestätigen könne. Einer der Journalisten fragte dann sinngemäß: Wozu dann das ganze Theater der vergangenen Tage? Darauf antwortete Genscher ruhig: „Ja, das frage ich mich auch."

Ich hoffe, daß Sie, lieber Leser, meine Intention nicht mißverstehen. Mir liegt nichts daran, zwischen der Prüfungssituation und dieser Szene aus dem politischen Alltag eine Parallele herzustellen, um daraus irgendwelche Schlüsse zu ziehen. Aber: Würde Ihnen in einer kritischen Prüfungssituation eine so schlagfertige, humorvolle und zugleich pfiffige Antwort einfallen? Es geht mir keineswegs darum, etwa den Rat zu erteilen, daß Sie zu ähnlichen Taktiken im Examen zurückgreifen sollten. Es geht mir vielmehr darum, dies betone ich nochmals, Sie für die außerordentliche psychologische Wirkung sprachlicher Äußerungen sensibel zu machen. Daß Ihnen solche Sensibilisierung nicht nur in einer mündlichen Prüfung, sondern im Alltag, bei Verhandlungen aller Art und vielleicht bei einem Einstellungsgespräch zugutekommen kann, brauche ich wohl nicht eigens auszuführen.

Es geht also nicht um die Übertragung oder adäquate Übersetzung des politischen Taktierens auf die Examenssituation, sondern um die Sensibilisierung für den Zusammenhang von Sprachlichem und Psychologischem.

Eine andere Formulierung des ehemaligen Bundeskanzlers Willy Brandt hat auf mich eine nachhaltige psychologische Wirkung ausgeübt. Als es um die „Ostverträge" ging, hat Brandt im Fernsehen eine Rede gehalten und die Bedeutung dieser Verträge aus der Sicht seiner Ostpolitik dargelegt. Dabei hat er u.a. folgende Formulierung verwendet: „Es wurde nichts verschenkt, was nicht schon längst verspielt worden war."

Sensibilisierung für das Sprachliche erwerben, heißt zunächst bewußte Registrierung von sprachlichen Formulierungen, die den Nagel auf den Kopf treffen. Glückt es Ihnen, ein Zauberwort zu finden – das wußten nicht nur die Romantiker, sondern schon viel früher die alten Rhetoriker –, so hebt symbolisch die Welt an zu singen. Oder es schweigt eben ein Journalist.

3. Drittes Beispiel: Werbung sozusagen

Werbung beherrscht die Welt. Ohne sie „läuft" offenbar nichts. Bedarf wird nicht gedeckt, sondern geweckt, heißt es in den entsprechenden Kreisen. Und davon scheint auch die Wissenschaft nicht verschont bleiben zu können. Schaut man sich die neueren pädagogischen Publikationen an, so hat man den Eindruck, daß Comics, Rezepte und sonstiges in unterhaltsamer Verpackung „gut gehen", wie die Verlagsleute zu sagen pflegen.

Wenn das aber so ist, dann frage ich mich, warum die Didaktiker sich nicht mit den Werbepsychologen zusammensetzen und die Inhalte des Schulunterrichts entsprechend gestalten, verpacken und servieren. „Wir haben uns schlecht verkauft", sagte mein Chef Karl Frey, wenn es ihm nicht gelang, die Zuhörer zu überzeugen. Ein bißchen Werbung gehört in der Tat dazu, auch in der Examenssituation. Man muß sich gute Formulierungen einfallen lassen, wie das beispielhaft die Werbeagenturen können. „Hol Dir die Freiheit!", suggerieren sie Männern und „Für Männerhände viel zu schön", reden sie Frauen ein. Es wäre plump zu sagen: Leute, raucht diese Zigarette, denn sie ist Klasse! Einer der wenigen unorthodoxen und auch originellen Erziehungswissenschaftler, nämlich Jürgen Henningsen, hat sich über verschiedene Möglichkeiten geschickter didaktischer Präsentation Gedanken gemacht. Als besonders geeignetes Mittel empfiehlt Henningsen die Verfremdung, die Verrätselung und die Veranschaulichung. Hier eine kleine Probe aus: „Erfolgreich manipulieren"*

Der Hauptgesichtspunkt ist — und deshalb ist gerade „Verfremdung" so außerordentlich interessant für den Theoretiker —: eine einzelne unterrichtliche Maßnahme kann, isoliert betrachtet, nicht als „Verfremdung" erkannt werden — man muß den erworbenen Wissenszusammenhang der Adressaten kennen, ihre Sprache, ihre Symbolwelt, ihre erschlossene Erfahrung. Was in einer bestimmten Situation Verfremdung ist, ist es nebenan oder übermorgen nicht mehr oder noch nicht. Deshalb sind auch V-Effekte in der Werbung für Massenkonsumgüter relativ selten — die Adressatenschaft ist dafür zu inhomogen. Daß Zigaretten lang sind, länger sind, noch länger sind, ist blabla. „Long-size" und „King-size" war für Deutsche, solange es neu war, ein bißchen verfremdend. Was danach? „Manche Dinge sind zu gut, um zu früh aufzuhören": das ist fast schon ein Verrätselungsversuch. „York hat die schmackhaften Extra-Züge" — nun ja, eine hauchzarte Verfremdung. Wollte ich die Aussage, daß eine Zigarette lang ist, verrätseln und verfremden mit dem Slogan „Selbstmörder schätzen die dauernden Störungen nicht", wäre die Zielgruppe, bei der das umsatzsteigernd ankäme, vermutlich ziemlich klein.

Ein Lehrer, der verfremden will, muß seine Zielgruppe genau kennen, ihre Sprechgewohnheiten, ihre erschlossene Alltagserfahrung, ihre Klischees. Neue Inhalte zu verfremden, ist unökonomisch oder sogar unmöglich: verfremden sollte man, wenn überhaupt, was, wie Hegel gesagt hat, *bekannt*, aber eben deshalb nicht *erkannt* ist. Verfremdung ist vornehmlich ein methodisches Instrument, um Selbstverständlichkeiten kaputtzumachen.

Der Unterschied zur Verrätselung: Bei der *Verfremdung* ist das Gemeinte, Beyzubringende immer schon „da", wird erwartet; bei der *Verrätselung* soll es erst noch gefunden werden. Will ich beybringen, daß Wasser naß ist, suche ich nach Verfremdungen; will ich beybringen, daß Luft etwas wiegt, suche ich nach Verrätselungen. Die methodischen Arrangements resultieren nicht aus der Physik, sondern aus der Analyse des erworbenen Wissenszusammenhangs meiner Adressaten.

---

* J. Henningsen: Erfolgreich manipulieren. Methoden des Beybringens. Ratingen/Kastellaun/Düsseldorf, 1974 (Henn), S. 136 f.

Was kann man aus diesen Beispielen auf die Prüfungssituation beziehen?

Da eine Prüfung eine in hohem Maße unnatürliche und unpädagogische Situation sein kann, der aber fast jeder sich im Leben mehrfach stellen muß, muß man sich sehr gut auf sie vorbereiten. Nun meinen viele, daß sich die Examensvorbereitung in dem erschöpft, was das Wissen, den Inhalt, den Stoff ausmacht. Und dies ist im Prinzip richtig. Denn wer die Prüfungsinhalte beherrscht, dem kann in der Regel nichts passieren. Ich habe aber nicht selten erlebt, daß von zwei Prüfungskandidaten mit denselben Spezialgebieten und dem gleichen Wissensstand derjenige besser benotet wurde, der sich einer gepflegteren Sprache bediente, der sein Wissen in einer klaren Sprache, im psychologisch angenehmen Ton, in einem angemessenen Sprechtempo darstellen konnte. Prüfer sind auch nur Menschen, denen das Genuschel mißfallen könnte, zumal ja das Kriterium: „Sie wollen ja Lehrer werden, daher sollten Sie klar und deutlich sprechen" auch sachlich nicht gänzlich von der Hand zu weisen ist.

Die Sprache ist mithin keineswegs bloße Verpackung, auf die es nicht ankäme. Sie prägt die Inhalte, steigert die Zugkraft der Wissensinhalte und Argumentationsschritte. Nicht daß man theoretische Zusammenhänge irgendwie zusammenkriegt, sondern wie man sie ausdrückt, ist psychologisch wie sachlich von entscheidender Bedeutung für den Gesamteindruck, den Sie in einer Prüfung hinterlassen.

Die Entwicklung von Sprachsensibilität ist indessen ungemein schwieriger und zeitraubender als das Erlernen von Wissensinhalten. Erforderlich scheint mir neben der bewußten und permanenten Kultivierung auch ein gewisses Interesse, das nach Meinung der Sprachsoziologen schon in früher Kindheit geweckt und gefördert wird. Es ist daher sicher zu spät, wenn man drei Monate vor der mündlichen Prüfung an die Pflege seiner Sprache denkt. Ich empfehle, die Sensibilisierung für die Sprache als einen Prozeß zu betrachten, dessen man sich in jeder Lebenssituation annehmen sollte. Das lohnt sich, und zwar nicht nur für die Prüfung in einem Studienfach, sondern auch und vor allem für die vielen anderen Prüfungen, denen man sich im Beruf und im Leben unterziehen muß, denn eine gepflegte und ausdrucksvolle Sprache ist immer ein Vorteil.

Mit anderen Worten:

- 1. Das Sprachliche und das Psychologische hängen untrennbar zusammen. Der Effekt eines gelungenen Kompliments ist ebensowenig zu unterschätzen wie der einer messerscharfen ironischen Bemerkung. Viele Situationen werden durch eine treffende Bemerkung im richtigen Augenblick gerettet oder verpatzt.
- 2. Das Examen ist nicht nur das Hersagen von irgendwelchen Wissensinhalten. Eine Prüfung erschöpft sich auch keineswegs darin, daß der Prüfungskandidat zeigt, er habe bestimmte wissenschaftliche Quellen studiert, die er, wenn man nach ihnen fragt, rekonstruieren kann. Diese inhaltliche Seite der Prüfung ist wichtig als Minimalvoraussetzung.
- 3. In welcher Sprache man Wissen darbietet, ist auch für die Inhalte von qualitativer Bedeutung.
- 4. Es ist ratsam, unabhängig von der aktuellen Examenssituation Sensibilität für Sprache und Sprechen zu entwickeln und langfristig zu kultivieren. Sie kommt einem nicht nur in einer fachwissenschaftlichen Prüfung zu Hilfe, sondern auch in anderen wichtigen Lebenssituationen.

II. Wie kann man seinen Schreibstil verbessern?

Viele Leute fragen sich, ob sie ihre Ausdrucksmöglichkeiten, ihren Schreibstil, ihre freie Rede überhaupt verbessern können? Diese Frage möchte ich prinzipiell mit Ja beantworten. Und in diesem „prinzipiell" liegt die Würze. Als sicher dürfte wohl gelten, daß man seinen Stil, seine Ausdrucksweise, den Modus der Explikation seiner Gedanken und Meinungen nicht kurzfristig verändern kann. Wer einen klaren und präzisen, knappen und ausdrucksstarken Stil schreiben will, der darf sich nicht auf ein kurzfristiges Unterfangen einlassen wollen. Den Stil verbessern, sagte Nietzsche, heißt, den Gedanken verbessern. Und das bedeutet Entwicklung, Übung, allmähliche Sensibilisierung. Mit dem Besuch eines Volkshochschulkurses, der Lektüre von zwei Stilkunden ist es nicht getan. Wer seine Sprachsensibilisierung, sein Stil- und Sprachgefühl kultivieren will, der muß viel lesen und zugleich viel schreiben. Der beste Weg für das Verbessern des eigenen Stils ist die unablässige Verknüpfung von Rezeption und Produktion. Wer zwei Jahre nichts schreibt, der verliert die Übung und spürt die Schwierigkeiten sofort, wenn er anfängt, wieder etwas zu schreiben. Wer hingegen täglich schreibt, und sei es auch nur eine halbe Seite, dem fällt auf, daß ihm das Schreiben zunehmend Freude macht. Wer nun die tägliche Lektüre mit einer halben Seite Eigenproduktion verbindet, der entwickelt sehr bald ein Stilgefühl sowohl für die Einschätzung dessen, was er liest, als auch für den eigenen Schreibstil. An dieser Stelle möchte ich ein Zitat aus einem der besten Lehrbücher des deutschen Prosastils bringen:

> „Wer ernsthaft versucht, nicht durch Erlernung einzelner Stilmätzchen, sondern durch allmähliche Schulung seines Stilgefühls seinen Stil zu verbessern, wer sich hartnäckig bemüht, anschaulich, knapp und lebendig zu schreiben, der wird mit Erstaunen feststellen: der Kampf um den Ausdruck ist ein Kampf um den Inhalt."
>
> Ludwig Reiners: Stilkunst. Ein Lehrbuch deutscher Prosa. München 1943, Sonderausgabe 1964, S. 60 (Beck)

Was guter Stil ist, läßt sich nicht normativ festlegen, denn das ist eine Frage des Geschmacks und des Wohlgefallens. Wollte aber einer behaupten, jeder habe seinen individuellen Geschmack, so hieße das in letzter Konsequenz, daß es unendlich viele Geschmacksrichtungen gäbe, was offensichtlich falsch ist, weil das soviel hieße wie, es gäbe gar keinen Geschmack. Wenn ich sage, etwas ist schön, so kann ich dieses ästhetische Gefühl weder logisch noch wissenschaftlich beweisen. Insofern kann ich auch nicht erwarten, daß jeder mir zustimmt. Ästhetische Urteile besitzen dennoch die Fähigkeit, auf ein breites Interesse zu stoßen. Insofern sind sie verallgemeinerungsfähig, wenn auch subjektiv, d.h. nicht logisch zwingend für jedermann. Ästhetische Urteile, das hat Kant in der Kritik der Urteilskraft ausführlich dargelegt, besitzen eine subjektive Allgemeinheit oder Allgemeingültigkeit, die im menschlichen Erkenntnisvermögen begründet liegt.

Daraus folgt, daß guter Stil durchaus identifizierbar, wenn auch nicht zwingend und normativ vorschreibbar ist; auch wenn ich nicht beweisen kann, was guter Stil ist – ganz abweisen läßt er sich auch nicht.

Ausgehend von dieser Argumentation, versteht Ludwig Reiners seine Stillehre auch als Beispielsammlung, wobei die Beispiele für schlechten Stil als Warnung, die des guten als Vorbild gemeint sind. Für die Zwecke dieses Kapitels genügen wenige Beispiele aus der ebenso reichhaltigen wie amüsanten Sammlung des dritten Teils seines Buches. Sie ersetzen die Lektüre nicht, im Gegenteil: sie sollen zur Lektüre motivieren. Was der dritte Teil noch bietet, kann man dem folgenden Auszug aus dem Inhaltsverzeichnis entnehmen.

DRITTER TEIL. STILKRANKHEITEN

Erstes Beispiel: Der grammatische Selbstmord

Ich möchte wirklich wissen, wer sich die Regel ausgedacht hat, daß man das Wort *ich* möglichst vermeiden und insbesondere nicht an den Anfang setzen solle. Diese grammatischen Selbstmörder haben eine Fülle von Finten erfunden, um ihr Ich untergehen zu lassen:

»Referenten blutet das Herz, denkt er daran, wie ungerecht Clemens Brentano vergessen ist.« (Grabbe)

»Wenn ich schließlich auf die persönlichen Verhältnisse meiner Wenigkeit zu sprechen kommen darf.«

»Schreiber dieses hat persönlich den Kunden darauf hingewiesen...«

»Der ergebenst Endesunterfertigte erlaubt sich zu bemerken...«

»Habe Ihr geehrtes Gestriges erhalten...«

Der wissenschaftliche Stil schließlich erfand das *wir (nachdem wir somit dargelegt haben...)*. Dieses *wir* soll ein pluralis modestiae (Mehrzahl der Bescheidenheit) sein, bei dem der Verfasser in einer unbekannten Mehrzahl verschwindet, im Gegensatz zu dem *Wir* der Monarchen, dem pluralis maiestatis: *Wir Wilhelm II., von Gottes Gnaden Deutscher Kaiser*... Der Majestätsplural entsprang mythischen Gemeinschaftsbegriffen, der sogenannte Bescheidenheitsplural ist ein Kind der Verlegenheit. Das *wir* des Autors ist nur angebracht, wenn er von sich und dem Leser gemeinsam sprechen will: *wir haben soeben gesehen*... Lächerlich wirkt es dagegen, wenn der Autor unter diesem Schutzschild eingehend von seiner eigenen Person spricht:

»Und nun kommt dieselbe Charakterlosigkeit und Bedientenhaftigkeit, die wir bis aufs Blut als die Ur- und Erbfeinde unseres Volkes befehden, und gegen die wir nicht Ruh und Rast geben werden bis zu unserem letzten Atemzug, und pflanzt sich in der Öffentlichkeit auf und sucht uns den Schimpf der Ibsen- und Zola- und tutti-quanti-Verhimmelei ins Gesicht zu schleudern, uns, den Unabhängigsten unter den Unabhängigen, den Freiesten unter den Freien.« (M. G. Conrad)

Auch Goethe geht in seinen Altersbriefen dem *ich* oft aus dem Wege. Mit unbewußter Diplomatie wollte er alles Persönliche zurückdrängen; obendrein konnte er mit der Weglassung des *ich* seiner Abkürzungsgrille frönen. Zelter erwähnt in einem Brief, daß der große Altphilologe Wolf sich hierüber aufgehalten hätte:

»Des letzten Umstandes erwähne nur, weil er einst eine Anmerkung machte über Deinen Briefstil, wo dann und wann das ich und mir und mich unwillkürlich ausgelassen ist, um die Reibung der Konsonanten zu vermeiden, wie jeder tut, der ein Ohr für Wohlklang hat.«

Goethe antwortet verärgert:

»Mit Philologen und Mathematikern ist kein heiteres Verhältnis zu gewinnen. Wenn ich denken müßte, daß ein Freund, an den ich einen Brief diktiere, über Wortgebrauch und Stellung, ja wohl gar über Interpunktion, die ich dem Schreibenden überlasse, sich formalisiere, so bin ich augenblicklich paralysiert und keine Freiheit kann stattfinden.«

Aber der junge Goethe schrieb ganz anders; er beginnt viele Briefe mit *ich*, auch Briefe an den Herzog Karl August. Luther, Klopstock, Lessing und Schiller fangen etwa ein Drittel ihrer Briefe mit *ich* an. Man empfand dies nicht als anstößig, denn in Gellerts Sammlung von Musterbriefen beginnt ein Viertel der Briefe mit diesem Wort. Auch viele der größten deutschen Gelehrten haben das Ich-Verbot nie beachtet. Schopenhauer hat von dem *wir* ungenannter Kritiker gesagt:

»Eine besonders lächerliche Impertinenz solcher anonymer Kritiker ist, daß sie wie die Könige per Wir sprechen; während sie nicht nur im Singular, sondern im Diminutiv, ja im Humilitiv reden sollten, z.B. meine erbärmliche Wenigkeit, meine feige Verschmitztheit, meine verkappte Inkompetenz, meine geringe Lumpazität usw.«

Die meisten anderen Völker leiden nicht unter dieser Angst vor dem Ich. Die Römer sind erst unter der Schreckensherrschaft des Tiberius zu *mea parvitas* übergegangen.

Woher rührt der ›grammatische Selbstmord‹? Jean Paul, von dem der Ausdruck stammt, hat selbst die Antwort gegeben:

»Wir sind viel zu höflich, um vor ansehnlichen Leuten ein Ich zu haben. Ein Deutscher ist mit Vergnügen alles, nur nicht er selber.«

1. Auszug aus L. Reiners: Stilkunst, S. 164-166

Zweites Beispiel: Papierstil

PAPIERSTIL

Das ist ein widriges Gebrechen,
wenn Menschen wie die Bücher sprechen,
doch hochwillkommen sind bei jedem
die Bücher, die wie Menschen reden.

Was ist Papierstil

Der Huber Schorsch trifft seinen Freund, den Lechner Max, und fragt ihn, was er am Samstag gemacht habe. Max antwortet: ›Gestern morgen erhob ich mich früher als sonst von meinem Lager. Nachdem ich mich mit einem reichlichen Frühstück gestärkt hatte, machte ich mich auf zu Inaugenscheinnahme...‹ Hier schmiert ihm der Huber Schorsch eine (für diejenigen, die des Bayrischen nicht mächtig sind: er versetzt ihm eine Ohrfeige). Und mit Recht! Denn er braucht sich nicht in solchem Papierdeutsch anreden zu lassen.

In Hauptmanns *Griseldis*, die etwa im Jahre 700 spielt, sagt die Heldin:

»Einesteils erscheint mir, nach dem was geschehen ist, und nach dem, was ich diese Nacht noch mit dem Grafen erlebt habe, der friedliche Ausgleich fast ein Ding der Unmöglichkeit, andernteils aber bin ich durch den überraschenden Umstand einigermaßen beherzter gemacht, daß ich gegen einen nicht sehr erheblichen Widerstand die Rückkunft des Kindes durchsetzen konnte.«

Papierdeutsch lernt man leicht; man muß nur die folgenden 18 Regeln beachten. Oder auf Papierdeutsch: man kann sagen, daß, sofern man sich hinsichtlich Beachtung der nächstfolgenden Anweisungen keinerlei Außerachtlassung zuschulden kommen läßt, die Inbenutzungnahme des Papierstils als eine unschwierige zu bezeichnen sein dürfte. (. . .)

Das Bürgerliche Gesetzbuch ist in einem gepflegten Kanzleistil geschrieben, der die lächerlichen Schnörkel abstreift, aber nie bis zur lebendigen Menschenrede durchdringt. In jedem achten seiner 2385 Paragraphen *erfolgt* etwas. Ich stelle einige Sätze des BGB über das Verlöbnis den entsprechenden Bestimmungen des Schweizer Zivilgesetzbuches gegenüber:

BGB § 1301

»Unterbleibt die Eheschließung, so kann jeder Verlobte von dem anderen die Herausgabe desjenigen, was er ihm geschenkt oder zum Zeichen des Verlöbnisses gegeben hat, nach den Vorschriften über die Herausgabe einer ungerechtfertigten Bereicherung fordern. Im Zweifel ist anzunehmen, daß die Rückforderung ausgeschlossen sein soll, wenn das Verlöbnis durch den Tod eines der Verlobten aufgelöst wird.«

Schweizer Zivilgesetzbuch § 94

»Geschenke, die Verlobte einander gemacht haben, können bei Aufhebung des Verlöbnisses zurückgefordert werden.

Sind die Geschenke nicht mehr vorhanden, so erfolgt die Auseinandersetzung nach den Vorschriften über die ungerechtfertigte Bereicherung.

Wird das Verlöbnis durch den Tod eines Verlobten aufgelöst, so ist jede Rückforderung ausgeschlossen.«

(. . .)

Der Papierstil schädigt das Denken – wie alle Stilkrankheiten. Wer die Natur der Dinge in einem schwerfälligen Umstandsstil verhüllt und verfälscht, wer Taten nicht als Taten ausdrückt, wer in verwickelten Perioden jeden Schwung der Leidenschaft auffängt, der sieht, urteilt und handelt auch anders als natürliche, schwungvolle Menschen. Wenn ein Zeitungsschreiber eine Bestrafung der Vogelfänger mit dem Satz fordert: *Es ist zu beklagen, daß von berufener Seite nicht Maßregeln ergriffen werden, womit diesem Entvölkerungssystem unserer Wälder entsprechende Schranken gesetzt werden*, so wissen wir: wer in dieser verzweifelten Papiersprache von der Welt redet, der wird sie weder verstehen noch verändern.

2. Auszug aus L. Reiners: Stilkunst, S. 190f., 203, 210.

Drittes Beispiel: Stilschlamperei

Zu den häufigsten Stilschlampereien gehören die Sätze mit unfreiwilligem Doppelsinn. Der Doppelsinn entsteht meist aus Unachtsamkeit. Der Schreiber verwendet Wörter, die zwei Bedeutungen haben, oder er stellt Fürwörter so, daß man sie falsch beziehen muß:

»Die rechtmäßigen Hundebesitzer wollen sich hieramts melden, andernfalls nach Umfluß von 14 Tagen deren Tötung angeordnet ist.«

»Mitgebrachte Speisen müssen rückwärts eingenommen werden.« (Anschlag in einer Gastwirtschaft)

»Die Tribünen sind ansteigend anzuordnen, damit man nicht bloß die Vordern, sondern auch die Hintern sehen kann.« (Stadtraterlaß von 1871)

»Habe vom Magistrat die Erlaubnis, Gäste zu beherbergen, zu beköstigen und zu schlachten.«

3. Auszug aus L. Reiners: Stilkunst, S. 241

1. Schreiben lernen

Ob beim Frühstück oder vor dem Einschlafen, es ist wichtig, täglich mindestens eine Stunde zu lesen. Diese eine Stunde sollte nicht mit der Lektüre von ‚Spiegel‘, ‚Stern‘, ‚Die Zeit‘ oder ‚FAZ‘ verrechnet werden, sondern schöngeistiger Literatur reserviert bleiben. Epische Werke, also Erzählungen, Romane usw. eignen sich nach meinen Erfahrungen gut als „Nachtlektüre“. Der lange Atem und die gelassene Ruhe eines Entwicklungsromans, die gelungenen Dialoge, die detaillierten Beschreibungen von Natur und Landschaft, Aussehen und Benehmen, wirken beruhigend. Gerade wenn jemand Einschlafschwierigkeiten hat, empfiehlt sich eine solche Lektüre. Liest man kontinuierlich in einem solchen Werk von literarischem Rang, so stellt man nach einer gewissen Zeit fest, daß man längere Briefe schreibt als früher. Es fällt einem auf, daß man nicht schreibt, um den Eltern, einer Freundin oder einem ehemaligen Lehrer, mit dem man noch Kontakt hat, Neuigkeiten mitzuteilen, eine bestimmte Information anzufordern oder über eine Sache zu sprechen, sondern in den Briefen nimmt der Anteil an Beschreibungen, an Charakterisierungen zu. Der Zweckcharakter des Briefes, dessen Konzentrat ein Telegramm wäre, schwindet zunehmend. Nicht mehr das Was, die pure Inhaltlichkeit, steht dann in erster Linie oder gar ausschließlich im Zentrum, sondern auch das Wie, die Art und Weise des sprachlichen Umgangs mit diesem Was, gewinnt zunehmend an Kraft und Farbe. Es ist klar, daß die Briefe des ersten Typs vom Empfänger nicht aufgehoben zu werden brauchen, wohingegen die Briefe, in denen das Schreiben fast um seiner selbst willen geschieht, gern ein zweites oder drittes Mal gelesen und vielleicht aufgehoben werden.

Mit der kontinuierlichen Lektüre guter Literatur muß das Schreiben einhergehen, sei es in Form von Briefen, sei es als Tagebuchnotizen. Wichtig ist, daß Sie jeden Tag einige Zeilen oder Seiten schreiben. Nicht wieviel Sie schreiben, ist entscheidend, sondern daß Sie schreiben. Die stetige Verknüpfung von Rezeption mit Produktion ist eine der basalen Voraussetzungen für wissenschaftliches Arbeiten. Empfehlenswert ist dabei, daß Sie möglichst viel von einem Autor lesen, bevor Sie zu dem nächsten übergehen. Das hat verschiedene Vorteile. Zunächst einmal hat jeder Autor einen besonderen Stil, einen bestimmten Wortschatz, eine besondere Sicht der Welt und der Dinge. Wer zum Beispiel nur die „Verwandlung“ von Franz Kafka liest und sonst nichts von ihm kennt, wird sich in diese totale Verfremdung der Welt nicht leicht hineinfinden können. Man braucht Zeit, um das Besondere dieser Prosa zu erkennen; und dafür ist eine Erzählung zu wenig. Gerhard Priesemann, ein Pädagoge, Philologe und Dichter, vertritt sogar die Auffassung, daß man alles von einem Autor lesen muß. Das freilich ist eine Frage der Zeit, des Engagements und nicht zuletzt der Ambition. Doch man kann auch die Motivation verlieren, wenn man sich Robert Musils Roman „Der Mann ohne Eigenschaften“ vornimmt und liest und liest. Diese Tausendsechshundertzweiunddreißig Dünndruckseiten nehmen kein Ende, und man hat womöglich ein schlechtes Gewissen, wenn man ein paar Seiten überfliegt.

Die Frage, wie man seine tägliche bzw. nächtliche Lektüre organisiert, kann für die Einhaltung der Vorsätze entscheidend sein. Die Einhaltung guter Vorsätze scheitert meistens daran, daß man mit zu viel Energie und zu großer Ambition beginnt. Dann ist es oft schwer, sein Pensum mittel- und langfristig zu bewältigen. Hier empfehle ich im Interesse der Kontinuität, die ich für das wichtigste Prinzip des wissenschaftlichen Arbeitens halte, Mäßigung. Warum sollten Sie sich in die Gefahr der Enttäuschung und Frustration begeben? Nehmen Sie sich vor, täglich 5–10 Seiten in einem Band mit schönen Erzählungen zu lesen. Das ist mit Sicherheit zu bewältigen, und zwar zwischen 20 und 60 Minuten. Schreiben Sie gleichzeitig jeden Tag eine halbe (bis eine DIN A 4) Seite. Der Anlaß dafür kann eine Begegnung sein, eine Vorlesung, die Stimmung in einer Kneipe, Ihr Eindruck von einem Gespräch, ein Brief, ein Traum, an den Sie sich noch am Morgen erinnern, die Beschreibung Ihrer Bekannten, Freunde oder Verwandten. Wenn Sie entschlossen sind, eine halbe bis eine ganze Seite täglich zu schreiben, dann ist es nicht schwierig, dafür ein Motiv zu finden. Es ist wie das Fotografieren. Haben Sie die Kamera dabei, dann sehen Sie mehr als ohne sie. Ich möchte im folgenden einige Hinweise geben, die Ihnen helfen, das Schreiben in Angriff zu nehmen.

1.1. Briefe schreiben

Fangen wir mit dem an, was jeder kennt. Briefe sind wichtige persönliche Dokumente, an denen man – nachträglich – seinen eigenen Werdegang studieren kann. In der Regel kommt wohl kaum ein Student auf die Idee, seine eigenen Briefe zu kopieren und in einem Ordner aufzuheben. Viele Menschen halten das Schreiben von Briefen für eine so spontane Angelegenheit, daß sie nicht einmal einen eben geschriebenen Brief durchlesen. Nach dem Schlußpunkt wird der Brief in den Umschlag gesteckt und nicht selten sofort eingeworfen. Ich selbst habe diese Praxis lange Zeit als eine gewisse Erleichterung empfunden, denn wenn ein Brief einmal im Kasten lag, war ich auch meine Zweifel los, ob ich ihn überhaupt wegschicken sollte, ob ich die eine oder andere Stelle hätte anders formulieren sollen. Nicht gerade selten war ich auch zu bequem, den Brief neu zu schreiben; ich hätte damit rechnen müssen, daß die zweite Fassung noch problematischer werden könnte. Trotz alledem bedauere ich heute außerordentlich, daß ich von Briefen aus meiner Studentenzeit kaum Kopien besitze. Heute neige ich zu der Auffassung, daß man es sich zur Gewohnheit machen sollte, jeden Brief mit Durchschlag zu schreiben oder zu kopieren. Hat man die ersten 20 Briefe in Kopien aufbewahrt, so findet man die neue Regelung nicht mehr komisch oder merkwürdig. Und welcher Vater oder welche Mutter würde sich zur Silbernen oder gar zur Goldenen Hochzeit nicht über eine Briefsammlung des Sohnes oder der Tochter freuen! Gefühle der Peinlichkeit, die dabei im Augenblick aufkommen können, verwandeln sich aus zeitlicher Distanz in das völlige Gegenteil: in Freude über das erhaltene Dokument.

Die Frage, wieviele Briefe man etwa wöchentlich schreiben sollte, läßt sich nicht normieren. Es dürfte auffallen, wenn Ihre Verwandten und Freunde ab morgen plötzlich Briefe bekämen, obwohl Sie das bislang nicht praktiziert haben. Will man eine gewisse Kontinuität erreichen, so empfiehlt sich, mindestens einen bis zwei Briefe in der Woche zu schreiben. Parallel dazu kann man als Nachtlektüre die Briefe lesen, die Politiker, Schriftsteller und Dichter geschrieben haben.

Aber man muß ja auch nicht jeden geschriebenen Brief wegschicken. Kennen Sie den langen Brief von Franz Kafka an seinen Vater, der etwa 60 Druckseiten umfaßt und den er nie wegschickte?

> Aber so war Deine ganze Erziehung. Du hast, glaube ich, ein Erziehungstalent; einem Menschen Deiner Art hättest Du durch Erziehung gewiß nützen können; er hätte die Vernünftigkeit dessen, was Du ihm sagtest, eingesehn, sich um nichts Weiteres gekümmert und die Sachen ruhig so ausgeführt. Für mich als Kind war aber alles, was Du mir zuriefst, geradezu Himmelsgebot, ich vergaß es nie, es blieb mir das wichtigste Mittel zur Beurteilung der Welt, vor allem zur Beurteilung Deiner selbst, und da versagtest Du vollständig. Da ich als Kind hauptsächlich beim Essen mit Dir beisammen war, war Dein Unterricht zum großen Teil Unterricht im richtigen Benehmen bei Tisch. Was auf den Tisch kam, mußte aufgegessen, über die Güte des Essens durfte nicht gesprochen werden – Du aber fandest das Essen oft ungenießbar; nanntest es »das Fressen«; das »Vieh« (die Köchin) hatte es

verdorben. Weil Du entsprechend Deinem kräftigen Hunger und Deiner besonderen Vorliebe alles schnell, heiß und in großen Bissen gegessen hast, mußte sich das Kind beeilen, düstere Stille war bei Tisch, unterbrochen von Ermahnungen: »zuerst iß, dann sprich« oder »schneller, schneller, schneller« oder »siehst Du, ich habe schon längst aufgegessen«. Knochen durfte man nicht zerbeißen, Du ja. Essig durfte man nicht schlürfen, Du ja. Die Hauptsache war, daß man das Brot gerade schnitt; daß Du das aber mit einem von Sauce triefenden Messer tatest, war gleichgültig. Man mußte achtgeben, daß keine Speisereste auf den Boden fielen, unter Dir lag schließlich am meisten. Bei Tisch durfte man sich nur mit Essen beschäftigen, Du aber putztest und schnittest Dir die Nägel, spitztest Bleistifte, reinigtest mit dem Zahnstocher die Ohren. Bitte, Vater, verstehe mich recht, das wären an sich vollständig unbedeutende Einzelheiten gewesen, niederdrückend wurden sie für mich erst dadurch, daß Du, der für mich so ungeheuer maßgebende Mensch, Dich selbst an die Gebote nicht hieltest, die Du mir auferlegtest. Dadurch wurde die Welt für mich in drei Teile geteilt, in einen, wo ich, der Sklave, lebte, unter Gesetzen, die nur für mich erfunden waren und denen ich überdies, ich wußte nicht warum, niemals völlig entsprechen konnte, dann in eine zweite Welt, die unendlich von meiner entfernt war, in der Du lebtest, beschäftigt mit der Regierung, mit dem Ausgeben der Befehle und mit dem Ärger wegen deren Nichtbefolgung, und schließlich in eine dritte Welt, wo die übrigen Leute glücklich und frei von Befehlen und Gehorchen lebten. Ich war immerfort in Schande, entweder befolgte ich Deine Befehle, das war Schande, denn sie galten ja nur für mich; oder ich war trotzig, das war auch Schande, denn wie durfte ich Dir gegen-

über trotzig sein, oder ich konnte nicht folgen, weil ich zum Beispiel nicht Deine Kraft, nicht Deinen Appetit, nicht Deine Geschicklichkeit hatte, trotzdem Du es als etwas Selbstverständliches von mir verlangtest; das war allerdings die größte Schande. In dieser Weise bewegten sich nicht die Überlegungen, aber das Gefühl des Kindes.
Meine damalige Lage wird vielleicht deutlicher, wenn ich sie mit der von Felix vergleiche. Auch ihn behandelst Du ja ähnlich, ja wendest sogar ein besonders fürchterliches Erziehungsmittel gegen ihn an, indem Du, wenn er beim Essen etwas Deiner Meinung nach Unreines macht, Dich nicht damit begnügst, wie damals zu mir zu sagen: »Du bist ein großes Schwein«, sondern noch hinzufügst: »ein echter Hermann« oder »genau, wie Dein Vater«. Nun schadet das aber vielleicht – mehr als »vielleicht« kann man nicht sagen – dem Felix wirklich nicht wesentlich, denn für ihn bist Du eben nur ein allerdings besonders bedeutender Großvater, aber doch nicht alles, wie Du es für mich gewesen bist, außerdem ist Felix ein ruhiger, schon jetzt gewissermaßen männlicher Charakter, der sich durch eine Donnerstimme vielleicht verblüffen, aber nicht für die Dauer bestimmen läßt, vor allem aber ist er doch nur verhältnismäßig selten mit Dir beisammen, steht ja auch unter anderen Einflüssen, Du bist ihm mehr etwas liebes Kurioses, aus dem er auswählen kann, was er sich nehmen will. Mir warst Du nichts Kurioses, ich konnte nicht auswählen, ich mußte alles nehmen.
Und zwar ohne etwas dagegen vorbringen zu können, denn es ist Dir von vornherein nicht möglich, ruhig über eine Sache zu sprechen, mit der Du nicht einverstanden bist oder die bloß nicht von Dir ausgeht; Dein herrisches Temperament läßt das nicht zu. In den letzten Jahren erklärst Du das

durch Deine Herznervosität, ich wüßte nicht, daß Du jemals wesentlich anders gewesen bist, höchstens ist Dir die Herznervosität ein Mittel zur strengeren Ausübung der Herrschaft, da der Gedanke daran die letzte Widerrede im anderen ersticken muß. Das ist natürlich kein Vorwurf, nur Feststellung einer Tatsache. Etwa bei Ottla: »Man kann ja mit ihr gar nicht sprechen, sie springt einem gleich ins Gesicht«, pflegst Du zu sagen, aber in Wirklichkeit springt sie ursprünglich gar nicht; Du verwechselst die Sache mit der Person; die Sache springt Dir ins Gesicht, und Du entscheidest sie sofort ohne Anhören der Person, was nachher noch vorgebracht wird, kann Dich nur weiter reizen, niemals überzeugen. Dann hört man von Dir nur noch: »Mach, was Du willst; von mir aus bist Du frei; Du bist großjährig; ich habe Dir keine Ratschläge zu geben«, und alles das mit dem fürchterlichen heiseren Unterton des Zornes und der vollständigen Verurteilung, vor dem ich heute nur deshalb weniger zittere als in der Kinderzeit, weil das ausschließliche Schuldgefühl des Kindes zum Teil ersetzt ist durch den Einblick in unser beider Hilflosigkeit.

Die Unmöglichkeit des ruhigen Verkehrs hatte noch eine weitere eigentlich sehr natürliche Folge: ich verlernte das Reden. Ich wäre ja wohl auch sonst kein großer Redner geworden, aber die gewöhnlich fließende menschliche Sprache hätte ich doch beherrscht. Du hast mir aber schon früh das Wort verboten, Deine Drohung: »kein Wort der Widerrede!« und die dazu erhobene Hand begleiten mich schon seit jeher. Ich bekam vor Dir – Du bist, sobald es um Deine Dinge geht, ein ausgezeichneter Redner – eine stockende, stotternde Art des Sprechens, auch das war Dir noch zu viel, schließlich schwieg ich, zuerst vielleicht aus Trotz, dann, weil ich vor Dir weder denken noch reden konnte. Und weil Du mein eigentlicher Erzieher warst, wirkte das überall in meinem Leben nach. Es ist überhaupt ein merkwürdiger Irrtum, wenn Du glaubst, ich hätte mich Dir nie gefügt. »Immer alles contra« ist wirklich nicht mein Lebensgrundsatz Dir gegenüber gewesen, wie Du glaubst und mir vorwirfst. Im Gegenteil: hätte ich Dir weniger gefolgt, Du wärest sicher viel zufriedener mit mir. Vielmehr haben alle Deine Erziehungsmaßnahmen genau getroffen; keinem Griff bin ich ausgewichen; so wie ich bin, bin ich (von den Grundlagen und der Einwirkung des Lebens natürlich abgesehen) das Ergebnis Deiner Erziehung und meiner Folgsamkeit. Daß dieses Ergebnis Dir trotzdem peinlich ist, ja, daß Du Dich unbewußt weigerst, es als Dein Erziehungsergebnis anzuerkennen, liegt eben daran, daß Deine Hand und mein Material einander so fremd gewesen sind. Du sagtest: »Kein Wort der Widerrede!« und wolltest damit die Dir unangenehmen Gegenkräfte in mir zum Schweigen bringen, diese Einwirkung war aber für mich zu stark, ich war zu folgsam, ich verstummte gänzlich, verkroch mich vor Dir und wagte mich erst zu regen, wenn ich so weit von Dir entfernt war, daß Deine Macht, wenigstens direkt, nicht mehr hinreichte. Du aber standst davor, und alles schien Dir wieder »contra« zu sein, während es nur selbstverständliche Folge Deiner Stärke und meiner Schwäche war.

Deine äußerst wirkungsvollen, wenigstens mir gegenüber niemals versagenden rednerischen Mittel bei der Erziehung waren: Schimpfen, Drohen, Ironie, böses Lachen und – merkwürdigerweise – Selbstbeklagung.

Daß Du mich direkt und mit ausdrücklichen Schimpfwörtern beschimpft hättest, kann ich mich nicht erinnern. Es war auch nicht nötig, Du hattest so viele andere Mittel, auch flogen im Gespräch zu Hause und besonders im Geschäft die Schimpfwörter rings um mich in solchen Mengen auf andere nieder, daß ich als kleiner Junge manchmal davon fast betäubt war und keinen Grund hatte, sie nicht auch auf mich zu beziehen, denn die Leute, die Du beschimpftest, waren gewiß nicht schlechter als ich, und Du warst gewiß mit ihnen nicht unzufriedener als mit mir. Und auch hier war wieder Deine rätselhafte Unschuld und Unangreifbarkeit, Du schimpftest, ohne Dir irgendwelche Bedenken deshalb zu machen, ja Du verurteiltest das Schimpfen bei anderen und verbotest es.

Das Schimpfen verstärktest Du mit Drohen, und das galt nun auch schon mir. Schrecklich war mir zum Beispiel dieses: »ich zerreiße Dich wie einen Fisch«, trotzdem ich ja wußte, daß dem nichts Schlimmeres nachfolgte (als kleines Kind wußte ich das allerdings nicht), aber es entsprach fast meinen Vorstellungen von Deiner Macht, daß Du auch das imstande gewesen wärest. Schrecklich war es auch, wenn Du schreiend um den Tisch herumliefst, um einen zu fassen, offenbar gar nicht fassen wolltest, aber doch so tatest, und die Mutter einen schließlich scheinbar rettete. Wieder hatte man einmal, so schien es dem Kind, das Leben durch Deine Gnade behalten und trug es als Dein unverdientes Geschenk weiter. Hierher gehören auch die Drohungen wegen der Folgen des Ungehorsams. Wenn ich etwas zu tun anfing, was Dir nicht gefiel, und Du drohtest mir mit dem Mißerfolg, so war die Ehrfurcht vor Deiner Meinung so groß, daß damit der Mißerfolg, wenn auch vielleicht erst für eine spätere Zeit, unaufhaltsam war. Ich verlor das Vertrauen zu eigenem Tun. Ich war unbeständig, zweifelhaft. Je älter ich wurde, desto größer war das Material, das Du mir zum Beweis meiner Wertlosigkeit entgegenhalten konntest; allmählich bekamst Du in gewisser Hinsicht wirklich recht. Wieder hüte ich mich zu behaupten, daß ich nur durch Dich so wurde; Du verstärktest nur, was war, aber Du verstärktest es sehr, weil Du eben mir gegenüber sehr mächtig warst und alle Macht dazu verwendetest.

Auszug aus: Franz Kafka: Brief an den Vater. Mit einem Nachwort von Wilhelm Emrich. Frankfurt/M. 1975, S. 16-23.

1.2. Tagebuch führen

Die tägliche Notiz über Eindrücke, Begegnungen, Szenen usw. eines Tages bietet eine hervorragende Möglichkeit, die stumpfe Feder zu spitzen. Da ein Tagebuch ein Text ohne Adressaten ist, kann man darin vieles unterbringen, was man so unmittelbar und unzensiert vielleicht nur einem vertrauten Freund, meistens aber wohl gar niemandem erzählen würde.

Abgesehen aber von diesen persönlichen Notizen, kann man in einem Tagebuch auch Szenen festhalten, die man täglich erlebt: In der Stammkneipe gibt es den Typ im 22. Semester, der bisweilen sich einen Spaß daraus macht, einen anderen dadurch „anzumachen", daß er ihm seine verbale Überlegenheit demonstriert. Mit Geschick und Verunsicherungstaktik wird das „Opfer" so lange gequält, bis es schließlich fluchend das Lokal verläßt oder auch mal vor Wut und in Ermangelung adäquater Gegenmittel eine Schlägerei vom Zaune bricht. Oder es gibt den Typ der stillen Studentin, die fast täglich in ihrer Stammkneipe sitzt, stundenlang vor sich hin starrt, sich um niemanden kümmert, ihre Selbstzufriedenheit in demonstrativer Introvertiertheit zur Schau stellt. Ihre einzige Tätigkeit besteht darin, ab und zu einen Schluck Kaffee zu trinken.

Und noch etwas ist da sonderbar: Sie sucht mit dem Daumen und dem Zeigefinger einfühlsam nach dem Ansatz desjenigen Haares, das sich genau im Mittelpunkt des Haarwirbels befindet.

Nachdem sie es äußerst behutsam und sorgfältig identifiziert und von den übrigen blonden Haaren geduldig isoliert hat, nimmt sie dieses eine privilegierte Haar zwischen den Daumen- und Mittelfingernagel und zieht es der ganzen Länge nach straff, als ob sie es bügelte.

Man kann ähnliche Szenen überall beobachten. Man kann sie mit einem Kopfschütteln, einem Lächeln oder dem Antippen des Zeigefingers an die eigene Schläfe bewältigen. Man kann sie aber auch als Anlaß nehmen, sich sprachlich zu üben. Wenn Sie sich entschließen sollten, täglich irgend eine Beobachtung aufzuschreiben, so werden Sie bald merken, daß Sie beginnen, andere zu verstehen. Sie werden immer stärker das Gefühl haben, daß Ihre Bereitschaft, auf andere einzugehen, zunimmt, daß andere Sie zunehmend mögen, Ihnen ihre Probleme anvertrauen, Sie öfter vermissen. Mit dem bloßen ,,Vogelzeigen" läßt sich ja das Anderssein eines anderen Menschen nicht bewältigen. In dieser Geste kommt lediglich zum Ausdruck, „Gott sei Dank, daß ich die Macke nicht habe." Mehr aber auch nicht. In (be)schreibender Analyse der „Macke" wird Ihnen vieles erst bewußt werden. Sie suchen nach Gründen und verstehen letztlich, warum ein einsames Mädchen demonstrativ Introvertiertheit vorspielt. Vielleicht will sie entdeckt werden, und zwar als Mittelpunkt. Vielleicht will sie in ganz behutsamer Weise erst unter den vielen anderen identifiziert und gestreichelt werden.

Was ich sagen will, ist dies: Wenn Sie Tagebuch führen, dann werden Sie Ihre Umwelt viel bewußter wahrnehmen, mit ihr viel souveräner zurechtkommen, weil solche Tagebucheintragungen Ihnen helfen, Erlebnisse innerlich zu bewältigen, über das Alltägliche, scheinbar Banale zu reflektieren.

Solche Tagebuchnotizen haben auch einen anderen Vorteil. Sie helfen Ihnen, Verständnis für sich und für andere zu entwickeln. In der Regel enthält und enthüllt ein Tagebuch vieles über den Verfasser. Man schreibt, was man erlebt hat, in ichbezogener Weise. Dies kann Monotonie erzeugen. Der Melancholiker schreibt immer dann etwas in sein Tagebuch, wenn er einen Anlaß hat, sich deprimiert zu fühlen. Der Hypochonder notiert mit systematischer Beharrlichkeit das, was ihm Bestätigung für seine Hypochondrie liefert. Geht man indessen in seinen Tagebüchern durchaus in analytischer, beschreibender, einsichtiger Haltung ebenso auf andere wie auf sich selbst ein, so entsteht ein vielfältiges, niveauvolles Tagebuch, in dem man gern gelegentlich einige Seiten wiederliest.

1.3. Träume aufschreiben und Texte übersetzen

Wer sich für das Schreiben mehr Zeit nehmen will, der sollte einmal versuchen, seine Träume aufzuschreiben oder einen fremdsprachlichen Text ins Deutsche zu übersetzen. Was das erste anbetrifft, so dürfte dies nicht auf Anhieb gelingen. Das liegt daran, daß man sich häufig nicht an seine Träume erinnert oder auch nur an einige Traumreste oder -szenen, die blitzartig auftauchen und rasch verschwinden, ehe man sie mündlich oder schriftlich festhalten kann. Insofern ist dieser Hinweis nicht nur schwierig zu praktizieren, sondern auch in gewissem Sinne „exklusiv". Mir persönlich ist es nie gelungen, auch nur einen zusammenhängenden Traum aufzuschreiben. Deshalb versetzt mich die Brillanz der Beschreibung und erst recht der Deutung der Träume bei Sigmund Freud jedesmal in Erstaunen. Zur Lektüre empfehle ich Freuds Buch „Die Traumdeutung", insbesondere das Kapitel über „Die Psychologie der Traumvorgänge".

Die Arbeit, die man in eine Übersetzung investieren muß, ist nicht zu vergleichen mit dem Schreiben von Briefen oder mit einer Tagebuchnotiz. Sie ist anspruchsvoller, mühsamer und wegen des Stop-and-Go im Vorankommen bisweilen auch frustrierender. Studiert man eine oder mehrere Fremsprachen, so ergibt sich die Notwendigkeit regelmäßiger Übersetzungsübungen sozusagen vom Fach her. Ist dies jedoch nicht der Fall, so wird auch dieser Hinweis als „exklusiv" bezeichnet werden müssen. Beide Übungen sind nur für den Studenten ratsam, der mit den anderen Empfehlungen (Exzerpt, Brief, Tagebuch) schon gut zurechtkommt.

– Wollen Sie schreiben lernen, d.h. Ihren Schreibstil verbessern, so sollten Sie regelmäßig üben. Es ist dabei weniger wichtig, wieviele Seiten Sie pro Tag schreiben. Viel wichtiger ist es, daß Sie jeden Tag schreiben. Sie werden dann feststellen, daß es nicht genügt, Exzerpte oder Referate zu schreiben. Neben der Lektüre schöngeistiger Literatur ist zu empfehlen, einen oder zwei Briefe pro Woche zu schreiben und/oder Tagebuchnotizen zu machen. Ob Ihnen das Schreiben mit der Zeit so viel Spaß machen kann, daß Sie ernsthaftere und auch „exklusivere" Schreibübungen in Angriff nehmen, wie Ihre Träume aufzuschreiben oder eine englische Kurzgeschichte ins Deutsche zu übersetzen, wird sich erst zeigen, wenn Sie einige Monate oder Jahre regelmäßig gelesen oder geschrieben haben.

2. Schreiben üben – zwei Beispiele

Im Sommer Semester 1982 veranstaltete ich ein Seminar über die Methodik des wissenschaftlichen Arbeitens und Methoden der Examensvorbereitung. Ich habe die Teilnehmer gebeten, irgend etwas zu schreiben: ein Stück Phantasie, eine Geschichte, eine Erinnerung, eine Beobachtung, einen Ausschnitt aus dem Tagebuch oder dergleichen. Aus dem, was mitgebracht wurde, wähle ich ein Märchen und eine Collage aus.

2.1. Irmgard Lüdke: Das Haus

Trostloser Herbsttag. Regen beim ersten Augenaufschlag. Regen bis spät in die Nacht.

Bonnie mag nicht auf die Toilette gehen. Es ist ihm draußen zu naß. Murchen ist nur gegangen, weil es nicht mehr aufzuhalten war, und das auch nur für fünf Minuten. Jetzt sitzt er in der Küche und trocknet seine Seidenpfoten. Rita trauert um die Gegenwart. Sie weiß, daß die Zukunft noch schlimmer wird. Etzel träumt: Wilde Hasenjagd, ein Polizist steht am Waldessaum und bläst in das Horn. Etzel springt auf und schnappt ihm das Horn aus der Hand. Nun ist er erwacht.

Träume sind Schäume, sagte Herr Denker. Am nächsten Morgen mußte er eine Geldbuße von 150 Mark bezahlen. Warum sollte er Waschpulver in den Springbrunnen gestreut haben?

Wer hat nur den Spiegel erfunden? Wie schmuck, wie adrett! Keiner kann sich wirklich sehen. Vermutlich würden wir alle, wenn wir uns wirklich darin sehen könnten, vor Entsetzen davonrennen. Zerbrächen doch alle Spiegel der Welt! Wir brauchten nie mehr hineinzuschauen und könnten endlich damit beginnen, uns wirklich zu sehen.

„Nehmen Sie doch das Dach da weg", sagte Frau Lehmann. Aber das Dach hatte Gitterstäbe bis an den Boden, und die waren dort fest verankert. „Nehmen Sie doch das Dach da weg", sagte Frau Lehmann. Frau Lehmann sah die Gitterstäbe nicht.

„Tropf ... tropf, tropf", sagt der Regen. Nicht einfach: „tropf, tropf, tropf", sondern: „Tropf ... tropf, tropf" und meint –. Wie soll ich wissen, was der Regen meint? Ich verstehe die Regensprache nicht. Sonst würde ich den Regen fragen: „Regen, sage mir, wo steht unser Haus? Unser Haus, von dem wir wünschen, daß es so ist, wie wir uns wünschen zu sein." Und der Regen würde antworten –. Er würde das gleiche antworten wie der Wind. Und der Wind sagt –. Aber ich verstehe die Sprache des Windes nicht. Wenn der Wind spricht, dann verstehe ich nur: Hu, huu. Ich habe die Sprache des Windes und des Regens verlernt. Das war dumm. Man weiß doch nie, wozu man so etwas noch einmal brauchen kann. Hätte ich die Sprache des Windes und des Regens nicht verlernt, dann könnte ich jetzt verstehen, was sie über unser Haus erzählen.

Schöner gemütlicher Herbsttag. Regen beim ersten Augenaufschlag. Regen bis spät in die Nacht.

Bonnie mag nicht auf die Toilette gehen. Es ist ihm draußen zu naß. Murchen ist nur gegangen, weil es nicht mehr aufzuhalten war, und das auch nur für fünf Minuten. Jetzt sitzt es in der Küche und trocknet seine Seidenpfoten. Etzel träumt von wilden Hasenjagden. Gerade habe ich einen Blick auf die Terrasse geworfen. Es wird nun wirklich Zeit, daß wir die Geranien reinholen. Im Ofen knistert das Holz, das wir gestern im Wald gesammelt haben. Von meinem Schreibtisch aus kann ich hören, wie sich der Wind mit dem Regen unterhält. Sie sprechen über die Vorbehalte der Leute unten im Dorf. Wie waren sie doch entsetzt, als neulich Etzel dem Polizisten das Horn wegschnappte, der gerade dabei war, einen Hirsch über die Straße zu hetzen! Und wie letzte Woche Bonnie dem Oberbauer auf den Schoß sprang und ihm das Gesicht ableckte, als dieser wortstark bedauerte, daß er kein älteres Ehepaar für sein Häuschen gefunden. Und wie, als wir gestern alle im Wald waren, Frau Alleswisser um unser Haus herumschlich. Und wie, als sie in ein Fenster sah und in die großen, erschrockenen Augen von Kater Murr blickte, der allein zurückgeblieben war, und sie diese für die schalkhaften Augen eines Pucks hielt, und wie sie dann Hals über Kopf davonrannte, atemlos das Vaterunser hervorstieß, sich wiederholt Kreuze vor die Brust schlagend.

Das Holz, es knistert im Ofen. Rita steht hinter mir. Mit einer Fliegenklatsche bewaffnet, schlägt sie wild um sich, in der Hoffnung, damit meinen Optimismus zu treffen.

Frau Lehmann schlägt die Augen auf und entdeckt um sich herum die Gitterstäbe. „Helfen Sie mir doch bitte aus meinem Gefängnis", fleht sie. Ich hebe das Dach ab und sie klettert die Stäbe hinauf in die Freiheit.

Und Herr Denker bezahlt die 150 Mark und gibt sich heimlich das Versprechen, nie wieder so dumme Sprüche zu machen.

Plötzlich kracht es fürchterlich. Rita hat mit der Fliegenklatsche den Spiegel getroffen. Er ist in tausend Stücke zersprungen.

Wir sind alle ganz still. Rita und Etzel und Bonnie und Murchen, der Wind und der Regen und ich.

Dann müssen wir alle lachen. Jetzt wissen wir wieder, was wir verloren hatten.

Und der Wind und der Regen, sie freuen sich mit uns, und versprechen, morgen die Sonne scheinen zu lassen.

2.2. Katja Thomas: Apfel und Orange
und die Geschichte der alten Frau

Apfel sagte zu Orange: „Komm, wir gehen zusammen Fahrrad fahren.“ Die beiden Freunde wohnten nicht weit voneinander. Sie besuchten sich jeden Tag und spielten zusammen. Apfel hatte gerade ein schönes Fahrrad zum Geburtstag geschenkt bekommen. Er wollte am liebsten allein Fahrrad fahren. Aber er fand bald, daß es langweilig war. Orange freute sich, daß Apfel sie trotz des neuen Fahrrades zum Spielen abholte. Sie zog sich an, denn es war kalt draußen.

Als sie eine zeitlang gespielt hatten, kam Pfirsich und sagte, „kommt mit, die alte Frau ist bei uns; sie kann so gut erzählen.“ Dann saßen alle drei bei Pfirsich im Gästezimmer. „Bitte, erzähl uns eine Geschichte“, sagte Apfel, als die alte Frau ihn ansah. „Was wollt ihr hören?“, fragte die alte Frau. „Eine einmalige Geschichte“, sagte Orange. „Ja, und spannend“, sagte Pfirsich. Da stand die alte Frau auf, machte eine Schranktür auf und holte einen Koffer heraus. Sie legte den Koffer auf den Boden, öffnete ihn und holte eine Schachtel heraus. Dann legte sie die Hände auf die Schachtel, schloß die Augen, murmelte etwas Unverständliches und holte schließlich eine Kugel aus der Schachtel heraus, legte sie vorsichtig auf den Boden und sagte: „Setzt Euch um diese Kugel herum und steckt euren rechten Zeigefinger in den Mund ...“. „Warum denn“, unterbrach Apfel. Da schaute die alte Frau Apfel böse an und sagte: „Du mußt lernen zu schweigen! Wenn Du das nicht tust, zerbricht diese Kugel, denn sie ist eine Zauberkugel, in der Du alles sehen kannst, was Du wünschst. Ihr alle müßt mir versprechen, unbedingt zu schweigen, versteht ihr?“ Apfel, Orange und Pfirsich versprachen das sofort. Sie nickten, obwohl sie nicht einsehen konnten, warum eine Kugel, die so ähnlich aussah wie ein Fernsehschirm, durch Reden zerbrechen sollte. Besonders für Orange war diese Regel sehr komisch. Und sie war drauf und dran, die alte Frau zu fragen, wieso eigentlich. Aber sie kam nicht dazu.

„Jeder von Euch“, sagte die alte Frau, „darf sich etwas wünschen. Sein Wunsch wird dann in dieser Kugel Wirklichkeit werden und für alle sichtbar sein. Aber ich warne euch noch einmal. Ihr müßt stillsitzen und kein Wort sagen. Und auch danach, wenn ihr nach Hause geht, dürft ihr davon niemandem erzählen."

Apfel wünschte sich ein richtiges Flugzeug. Er wollte immer gern Pilot werden und allein eine Maschine fliegen. „Das habe ich mir schon lang gewünscht", sagte er. „Nun gut", sagte die Frau, „schau hin und schweig!".

Apfel und Orange und Pfirsich saßen um die Kugel herum, steckten ihren rechten Zeigefinger zwischen die Zähne, um keinen Ton von sich zu geben, und starrten auf die Kugel. Die alte Frau legte ihre beiden Hände auf die Kugel und sprach: „Hadschi, Madschi, La Tradschi. Der bewegungslos schweigende Apfel will Pilot sein." Und da, sieh nur, die Kugel wurde durchsichtig und immer durchsichtiger. Apfel sah sich in einem schönen Flugzeug sitzen. Er flog die Maschine allein über Berge und Täler, über Häuser und Flüsse. Es war ein wunderschönes Gefühl, seinen Wunschtraum wirklich und mit eigenen Augen zu sehen. Dann kreiste seine Maschine zweimal um den Flughafen und landete sicher auf dem Rollfeld. Die Kugel wurde wieder matt und undurchsichtig. Die alte Frau packte sie in die Schachtel und steckte sie in den Koffer, den sie wieder in den Schrank einschloß.

„Jetzt dürft ihr euch wieder bewegen und sprechen. Und wenn ihr bis morgen schweigsam sein könnt, dann dürft ihr wieder zu mir kommen."

Apfel und Orange gingen nach Hause. Sie sprachen mit niemandem über die Zauberkugel, nicht einmal zu Banane, der sie sonst alles gleich erzählten. Orange überlegte, was sie sich wünschen würde. Sie hatte eine Tante in Amerika, die sie sehr liebte, die sie aber lange nicht gesehen hatte.

Am nächsten Tag gingen Apfel und Orange wieder zur alten Frau. Orange sagte, daß sie sehr gern ihre Tante sehen möchte, die in Amerika ist. Die alte Frau holte die Kugel wieder heraus. Apfel und Orange steckten den Zeigefinger zwischen die Zähne, um zu schweigen. Die alte Frau legte die Hände wieder auf die matte Kugel und sprach: „Hadschi, Madschi, La Tradschi. Orange hat den Wunsch, ihre Tante in Amerika zu sehen." Da begann die Kugel ganz langsam durchsichtig zu werden. Auf einmal sah Orange ihre Tante, die in einem großen Kaufhaus einkaufte. Orange war so überrascht, daß sie beinahe vor Freude geschrien hätte. Aber sie biß sich bloß auf den Zeigefinger, der ein wenig wehtat, und blieb bewegungslos still sitzen. Ihre Tante zahlte an der Kasse und kam aus dem Kaufhaus heraus auf die Straße. Plötzlich bemerkte Orange, daß ein Lastwagen direkt auf ihre Tante zufuhr. Es schien, als ob der Fahrer nicht mehr bremsen könnte. Orange sah, daß ihre Tante überfahren werden würde, da schrie sie: „Paß auf, Tante! der Lastwagen!". Die Tante ließ, wie aufgeschreckt, die Einkaufstüten fallen und sprang zur Seite. Der Lastwagen prallte gegen ein anderes Auto, und in diesem Augenblick zerbrach die Zauberkugel.

Die alte Frau heulte und sah vorwurfsvoll Orange an. Apfel hatte vor Schreck so auf seinen Zeigefinger gebissen, daß er jetzt blutete. Und Orange standen Tränen in den Augen. Sie lief nach Hause, schloß sich in ihr Zimmer ein, legte sich auf ihr Bett und schlief bald ein. Doch sie träumte schlecht und wachte wieder auf. Es war tief in der Nacht. Alles schlief. Sie ging ans Fenster und schaute auf die Straße. Es schneite und war eisig kalt. Plötzlich sah sie eine Gestalt mit einem Koffer in der Hand mühsam die Straße hinunter gehen. Sie sperrte die Augen auf, aber es war dunkel, und sie konnte nicht erkennen, wer es war. Am nächsten Tag erfuhr sie von Pfirsich, daß die alte Frau, niemand weiß wohin, verschwunden ist.

III. Wie kann man reden lernen?

Wie kann man seinen Deutschlehrer zur Verzweiflung bringen? Ganz einfach durch falsche Betonung bei der Rezitation eines klassischen Gedichtes: Stimme anheben und feierlich ansetzen „Lenore fuhr", dann eine Pause von etwa zwei Sekunden einlegen und cool feststellen „...ums Morgenrot", jetzt die Stimme senken, als sei es alles.

Dieser Abschnitt handelt nicht von Verfremdungstechniken der Rezitation, sondern von einigen Hinweisen zur Methode des freien Sprechens. Dem Hauptzweck des Kapitels folgend, will dieser Abschnitt für die mündliche Rede sensibilisieren. Dabei geht es nicht um die Sprecherziehung, also nicht um die Einübung von Atemtechniken, Stimmerzeugung, Bildung von Sprachlauten usw., obwohl die Sprecherziehung, wie sie heute an vielen Pädagogischen Hochschulen in Lehrveranstaltungen angeboten wird, für jeden Lehrer nützlich ist.

Es geht mir hier um einfachere und zugleich schwierigere Dinge, wie Sie sie aus jedem Seminar kennen. Da erscheinen Ihnen manche Studenten als besonders intelligent oder belesen, weil sie gut reden können. Wenn sie sich zu Wort melden, haben Sie den Eindruck, daß sie viel wissen. Und wer kennt den Minderwertigkeitskomplex nicht, den sich so mancher dabei zugezogen hat? Wie berechtigt das ist, lassen wir dahingestellt. Ich möchte behaupten, daß man das freie Sprechen lernen kann. Mein Hauptgedanke dabei ist die Forderung, daß beim Sprechen die Bedeutung zur vollen Entfaltung kommt. Eine feurige Rede verliert nicht bloß an Bedeutung, wenn man sie unterkühlt und monoton vorträgt, sondern sie wird zerstört. E. Engel hat in der 30. Auflage seiner Stilkunst (Leipzig 1922) die Übereinstimmung zwischen der Betonung und dem Gegenstand zu einer Stilfrage erhoben:

> „Jeder Gegenstand hat seinen Stil; der Widerspruch zwischen Gegenstand und Stil ist die Stillosigkeit oder Stilwidrigkeit. Die kleinste Schwingung des Tones über die durch den Gegenstand gezogenen feinen Grenzen hinaus vermag ein ganzes Schriftstück zu töten. Das grobe Ohr vernimmt nur die ärgsten Stilwidrigkeiten als Mißklänge; das feine und feinste empfindet den leisesten Übelklang beinahe wie körperliche Pein".
>
> S. 20 (zit. n. Einführung in die Methodik der Stiluntersuchung. Ein Lehr- und Übungsbuch für Studierende, verfaßt von einem Autorenkollektiv unter Leitung von Georg Michel. Berlin 1968, Volk und Wissen, S. 27).

1. *Laut lesen*

Die meisten Menschen pflegen das laute Lesen nicht, denn es strengt die Stimme an, ist aufwendig, weil man sich womöglich in ein anderes Zimmer zurückziehen muß, und geht zudem langsamer vonstatten als das stille Lesen. Dementsprechend wenden sich heutzutage die meisten Bücher, Artikel und Zeitschriften an das Auge. Schriftsteller, die am Klang, Rhythmus, Tempo, also an der Musikalität ihrer Sprache so lange feilen, bis eine Prosa entsteht, die sich auch laut vorlesen läßt, werden seltener. Während alle antike Prosa laut gelesen wurde, scheinen wir in einer

Zeit der Taubstummenliteratur zu leben, in der die Flut der Druckmassen allenfalls mit dem Auge bewältigt werden kann. Aber das Rad der Geschichte läßt sich nicht zurückdrehen. Wer der antiken Sitte folgend, alles Gedruckte nur noch laut zu lesen sich befleißigt, der wird heute nicht mehr fertig. Dennoch können wir uns bewußt machen, daß es Vorteile hat, jeden Tag fünf Minuten laut zu lesen. Dies ist vor allem für den eine große Hilfe, der „nuschelt", eine unklare Aussprache hat, sich bei freier Rede (Wortmeldung, Referat etc.) geniert oder mit seiner Atemtechnik nicht zurechtkommt. Ich habe dieses Phänomen oft in meiner Studentenzeit, aber auch in meinen Lehrveranstaltungen beobachtet. Ein gutes Referat muß auch gut vorgetragen werden, und der gute Vortrag läßt sich üben.

Ich möchte jedem Studenten empfehlen, täglich eine bis zwei Seiten laut zu lesen. Um eine Rückmeldung zur Aussprache, Intonation, richtigen Betonung der Wörter zu bekommen, gibt es einen einfachen Weg. Nehmen Sie Ihre Stimme auf Band oder Kassette auf und kontrollieren Sie selbst, ob Sie zu langsam, zu schnell, deutlich oder unverständlich, mit der gehörigen Betonung an der richtigen Stelle, den nötigen Pausen usw. vorgelesen haben. Diese Kontrolle bleibt natürlich subjektiv. Wer dennoch dieser Empfehlung folgt, wird feststellen, wie wenig er die Wirkung seiner Stimme (Wärme, Kälte), den Klang seines Tones (zerhackt, musikalisch), das Sprechtempo, die Dialektfärbung usw. eigentlich kennt.

Sollten Sie nach zwei Wochen das Gefühl haben, daß Sie eine andere Rückmeldung brauchen, so können Sie Lesungen im Rundfunk mitschneiden und sie mit der eigenen Aussprache vergleichen. Das ist nicht allzu aufwendig. Alles, was man dazu braucht, ist eine Überspielmöglichkeit vom Rundfunk und den Roman, aus dem gerade in Folgen täglich vorgelesen wird. Zu empfehlen wäre dabei, daß Sie immer zuerst selbst die entsprechende Passage auf Band aufnehmen und sie dann mit der Interpretation des Rundfunksprechers vergleichen.

2. Einen Schauspielkurs besuchen

Es ist sicher zeitaufwendig, einen Schauspielkurs zu besuchen oder sich einer Laienspielgruppe anzuschließen, Rollen zu übernehmen und an der Organisation einer Theateraufführung mitzuwirken. Wenn Sie schüchtern sind, Hemmungen beim freien Sprechen verspüren, von Angstgefühlen überfallen werden, sobald Ihnen in einer Lehrveranstaltung das Wort erteilt wird, dann wird Ihnen ein Schauspielkurs helfen. Ich erinnere mich noch sehr gut an eine Laienspielgruppe aus meiner Studentenzeit. Sie wurde geleitet, organisiert und zusammengehalten von einem Studenten, der meiner Ansicht nach große Hemmungen hatte, leicht unsicher wurde, wobei er sein Sprechtempo schneller machte, bis er ins Stottern kam. Das erste Mal, als die Gruppe zwei kleine Stücke aufführte, – improvisiert übrigens in einem zurechtgemachten Keller – machte ein einziger Schauspieler einen sicheren Eindruck; der Rest spielte katastrophal. Als ich drei Semester nach dieser Aufführung einer alten Hamletinszenierung derselben Gruppe beiwohnte, war ich verblüfft über die Sicherheit und Gelassenheit, Requisiten und schauspielerische Leistung, Organisation und Technik. Vermutlich wird man einwenden, daß ein solches Engagement viel Zeit kostet und daß es daher nicht für jeden Studenten in Frage kommt. Das ist sicher richtig; auch muß nicht jeder gleich einen Schauspielkurs besuchen, um sicherer auftreten zu können. Im Fall des Leiters dieser Laienspielgruppe kann ich wohl behaupten, daß er ohne die persönliche Bestätigung in der Gruppe wie beim Publikum, ohne Erfolgserlebnisse in und durch die Gruppe, die er zusammenhielt, wahrscheinlich im Studium versagt hätte. Man wunderte sich über seinen Fleiß und die Anzahl der Scheine, die er pro Semester machte. Als ich ihn einmal darauf ansprach, erklärte er mir, daß er die Energie für das Studium aus der Tätigkeit in der Laienspielgruppe nehme.

Die meisten Studenten werden wahrscheinlich keinen Schauspielkurs besuchen müssen, um die Wirkung dessen, was sie mündlich vorbringen, zu verbessern. Den meisten wird es genügen, wenn sie ihr Referat auf Band aufnehmen und ihre Aussprache und Sprechtempo kontrollieren.

- Haben Sie Schwierigkeiten bei der mündlichen Rede, so versuchen Sie, täglich 5 Minuten laut zu lesen; nehmen Sie Ihre Stimme auf Band oder Kassette auf, hören Sie sie und kontrollieren Sie, ob Sie klar und präzise lesen oder nuscheln, die richtigen Wörter betonen, an richtigen Stellen des Satzes Pausen einlegen, in einem angemessenen Sprechtempo reden usw.
- Brauchen Sie eine objektive Kontrolle, so versuchen Sie zuerst herauszubekommen, welcher Roman gerade im Rundfunk gelesen wird. Besorgen Sie sich das Werk und nehmen Sie die Passage auf Band oder Kassette auf, die am nächsten Tag gesendet werden wird. Vergleichen Sie Ihre Aufzeichnungen gründlich mit der Aufnahme aus dem Rundfunk.
- Haben Sie das Gefühl, daß Sie beim Sprechen Hemmungen haben, so überlegen Sie sich, ob der Besuch eines Schauspielkurses oder das Mitmachen bei einer Laienspielgruppe für Sie eine geeignete Hilfe sein kann.

F. DAS PSYCHOLOGISCHE – KLEINIGKEITEN MIT GROSSER WIRKUNG

Dieses Kapitel beschäftigt sich mit der spannungsreichen Zeit kurz vor der Prüfung und dem Prüfungstag selbst. Der erste Abschnitt handelt von der Phänomenologie der Prüfung. Darunter verstehe ich die Situation der Prüfung, des Prüfers und des Prüflings. Der zweite Abschnitt soll den Examenskandidaten in den letzten Tagen vor der Prüfung begleiten. Der dritte Abschnitt enthält Hinweise für den Prüfungstag, für die Prüfungssituation und schließlich für eine günstige Darstellung des Stoffes während der Prüfung.

I. Zur Phänomenologie der Prüfung

Eine Prüfung ist eine höchst künstliche und im Grunde also auch unpädagogische Situation. Was man mehrere Semester studiert, Monate intensiv und systematisch gelernt, Wochen ordentlich exzerpiert und Tage gewissenhaft wiederholt hat, das soll man in einer Zeit, die dem Aufwand überhaupt nicht angemessen ist, parat haben, auf Abruf lebendig und überzeugend darstellen, so daß der Eindruck vermieden wird, es sei lediglich Stoff konsumiert worden. Die Situation, daß man dem Prüfer ausgeliefert ist, die Ungewißheit, was er alles wird wissen wollen, die eigene Unsicherheit, das Fehlen eines Maßstabes zur Selbsteinschätzung, das Geschwätz von „beonders Fleißigen" und dergleichen mehr sind bestens dazu geeignet, bei Examenskandidaten Angst, Resignation, Schlaflosigkeit, Alpträume, Appetitlosigkeit oder auch unstillbaren Hunger, Verdauungsstörungen, Blähungen u.a.m. zu verursachen.

Prüfungssituationen kommen nicht nur in der Schule oder Hochschule vor. Im Laufe des Lebens muß man sich ihnen öfter stellen. Es mag sein, daß der Mensch, ohne zu leiden, nun einmal nicht Erfahrungen sammeln kann. Es ist auch möglich, daß Menschen in einer bestandenen Prüfung eine gewisse Selbstbestätigung finden, ihre eigene Selbsteinschätzung nun höher ansetzen, mehr an Zuversicht und Selbstvertrauen gewinnen. Andererseits läßt sich das ganze Prüfungsritual auch als Machtmittel ansehen, als eine Art Filter, dessen Logik und Nutzen mit guten Argumenten bestritten werden kann.

Wie ich an mehreren Stellen dieses Buches deutlich herausgestellt habe, geht es mir nicht um eine wissenschaftliche Analyse von Examensangst oder dergleichen. Phänomenologie der Prüfung ist ein Einstieg in die nun einmal unumgängliche Prüfungssituation. Eine realistische Einschätzung dieser Situation ist dem Examenskandidaten wegen der psychischen Belastung und emotionalen Involvierung kaum möglich. Welcher Examenskandidat käme beispielsweise auf den Gedanken, daß auch sein Prüfer Angst hat oder haben könnte? Will man sich in einer Situation angemessen oder gut verhalten, so sollte man sich diese Situation phänomenologisch erst einmal klar- und bewußtmachen.

1. Ziel und Zweck der Prüfung

Man muß sich bei aller berechtigten und verständlichen Angst und Unsicherheit einmal klarmachen, daß es in der Prüfung um ein Gespräch auf hohem Reflexionsniveau geht. Bei diesem Gespräch soll der Examenskandidat anhand der systematischen Darstellung von Wissenszusammenhängen zeigen, daß er einen Überblick über das Fach hat, das er studiert, in einige Gebiete sich vertieft hat, ohne sich in Details verloren zu haben. Die Fragen des Prüfers sind wesentlicher Bestandteil dieses Gespräches. Man sollte sie generell als Start, Zündmoment und Anlasser nehmen, um die eigene Darstellung zur Geltung zu bringen. Wer die Fragen als „Motor“ des Gespräches auffaßt, mit ihnen ängstlich und eng operiert, der vergibt sich die Chance, selber die Prüfung zu lenken. Damit ist das ideale Ziel der Prüfung genannt: Es besteht darin, daß der Examenskandidat das darstellt, was er vorbereitet hat, und so den Gang der Prüfung möglichst selbst mitbestimmt und mitsteuert. Prinzipiell wird in einer Prüfung das geprüft, was man weiß. Das, worüber man nicht informiert ist, läßt sich nicht prüfen. Wollte man prüfen, was der andere nicht weiß, so gäbe es wahrscheinlich kaum einen Prüfer, der nicht selbst durchfiele. Deswegen halte ich eine gründliche Examensvorbereitung für die wichtigste Voraussetzung, um risikolos in die Prüfung zu gehen. Wer unvorbereitet in die Prüfung geht, könnte ebensogut Lotto spielen. Das wäre ein aussichtsreicheres und obendrein Peinlichkeit vermeidendes Unterfangen.

2. *Die Situation des Prüflings*

Die Situation des Prüflings ist nicht selten gekennzeichnet durch Unsicherheit, Mangel an genauer Selbsteinschätzung und schließlich Angst. Die meisten Prüfungskandidaten brauchen eine Rückmeldung, möglichst positive Verstärkung und beruhigenden Zuspruch. Je näher der Prüfungstermin rückt, umso belastender wird ihre psychische Situation. Deshalb ist es wichtig zu wissen, daß die Prüfer diese Situation gut kennen. Sie wissen, daß der Examenskandidat nervös, unruhig, aufgeregt ist. Sofern sich Prüfer und Prüfungskandidat von den Lehrveranstaltungen und den Prüfungsvorgesprächen her kennen (vgl. D.II.2 und D.IV), hat der Kandidat bereits einige Rückmeldungen erhalten. Diese helfen ihm, zu einer gewissen Selbsteinschätzung bzw. Verhaltenserwartung zu gelangen, die auf jeden Fall große Enttäuschungen ausschließen sollte. Wenn man dennoch unsicher ist und Vergleiche zu seiner Leistung braucht, um sich besser einzuschätzen, so ist es empfehlenswert, als Zuhörer an den Prüfungen anderer Kandidaten teilzunehmen. Da kann man nämlich sehen, wie es in der Ernstsituation zugeht. Ein Student, der zur superselbstkritischen Haltung neigt und jede Gelegenheit wahrnimmt, um seine Leistungen insgesamt als nichtig zu erklären, kann sogar von solcher permanenten Selbstnegation geradezu geheilt werden, wenn er ein- oder zweimal einer Prüfung als Gast beigewohnt hat. Die psychische Situation des Examenskandidaten wird in dem Maße besser, je genauer er selbst weiß, was von ihm an Leistung erwartet wird und inwieweit seine Examensvorbereitung diesem Anspruch gerecht zu werden vermag.

3. Die Situation des Prüfers

Prüfer sind auch Menschen. Auch sie haben Angst, weil sie im Grunde mitgeprüft werden. Welcher Prüfer würde nicht zugeben, daß er Angst hätte, am Tag der Prüfung zu verschlafen, den Termin gänzlich zu vergessen oder auf dem Weg zur Universität einen Autounfall zu bauen? Der berühmte Historiker Friedrich Meinecke hat in seinen Lebenserinnerungen folgendes über seinen Lateinlehrer geschrieben:

> „Lieben konnten wir ihn nicht, und bemogelt haben wir ihn reichlich. Aber dazu hat er uns selbst erzogen. Er streute nämlich in die lateinischen Extemporalien des der Abiturientenprüfung vorangehenden Semesters einzelne besonders auffallende sprachliche Wendungen nach und nach ein. Sie waren immer einem und demselben Passus bei Cicero oder Livius entnommen, der dann in der Klausur der Prüfung als geschlossener Text zur Rückübersetzung ins Lateinische uns vorgelegt wurde. Nichts einfacher für uns, als in einem Lexicon Ciceronianum oder Livianum jene Wendungen nachzuschlagen und, wenn zwei bis drei von ihnen demselben Passus entnommen waren, auch diesen zu finden, auswendig zu lernen und so ausgerüstet in die Klausur zu gehen. Merkwürdige Pädagogik von Lorenz, denn er muß es ja gemerkt haben. Ob er es vielleicht, um selbst als Lehrer in der Prüfung gut abzuschneiden, tat?“
>
> Erlebtes 1862-1901. Leipzig 1941 (Koehler Amelang), S. 59f.

Solches Verhalten mag für den Schüler mit einem Gefühl des Autoritätsverlustes verknüpft werden. Ich meine, daß dies auf Mitgefühl zurückgeht. Weil die Prüfung etwas Unpädagogisches, Künstliches, seinen eigentlichen Zweck oft Verfehlendes, oft Ungerechtes und dennoch nur schwer Veränderbares ist, ermöglicht sie bisweilen auch Mitgefühl, erhöhte Sensibilität für die psychische Situation des andern. Jeden Tag kann man an seinem Lehrer vorbeigehen, ohne daß er daran denken könnte, wie es um einen steht. In der Prüfung, dessen bin ich sicher, denkt er daran. Wer glaubt, daß Prüfer gern ihre Kandidaten quälen und sie durchfallen lassen, der hat ein falsches Bild von der realen Situation und vor allem von den nicht minder repressiven Konsequenzen, die der Prüfer angesichts einer nur negativen Prüfungsstatistik zu erwarten hätte. Nach meinen Erfahrungen ist eher das Gegenteil der Fall. Viele Prüfer sind stolz auf das gute Ergebnis der von ihnen abgenommenen Prüfungen, und mit Recht, denn warum sollte dieses gute Ergebnis nicht als ihre didaktische Leistung bewertet werden? Prüfungen sind für den Prüfer eine Art Rückmeldung auf ihre Vorlesungen, Seminare und sonstigen Lehrveranstaltungen. Solche Rückmeldung signalisiert dem Hochschullehrer, ob und inwieweit es ihm gelungen ist, seine Studenten zu motivieren.

- Eine Prüfung ist eine höchst künstliche und im Grunde unpädagogische Situation. Jede Bewertung eines Menschen durch einen anderen ist mit psychischer Belastung verbunden, und zwar nicht immer nur für den zu Bewertenden.
- Das Ziel der Prüfung besteht in der Feststellung des Wissens des Kandidaten; was er nicht weiß, kann niemand prüfen, weil darüber kein Gespräch zustandekommen kann. Die Prüfung ist ein Gespräch auf hohem Niveau.
- Unsicherheit und Angst des Prüflings sind Begleiterscheinungen. In der Regel werden sie vermindert durch gründliche Vorbereitung und Rückmeldungen. Empfehlenswert ist auch die Teilnahme an einer Prüfung als Zuhörer, damit die geheimnisvolle Prüfungssituation entmythologisiert wird.
- Aber auch Prüfer haben Angst, weil sie im Grunde mitgeprüft werden. Über gute Ergebnisse sind Prüfer meist befriedigt oder stolz, weil sie das als ihre eigene didaktische Leistung betrachten.

II. Die letzten 5 bis 6 Tage vor der Prüfung

In diesem Abschnitt möchte ich Hinweise und Ratschläge für die letzten 5 bis 6 Tage vor der Prüfung geben, wobei ich die mündliche Prüfung insbesondere im Auge habe. Ich glaube aber, daß diese Hinweise auch für schriftliche Prüfungen ihre Gültigkeit haben.

1. Psychische Stärkung und physische Schonung

Sofern Sie mit Ihrer Zeitplanung zurechtgekommen sind (vgl. Kap. D), sollten Sie in den letzten Tagen vor der Prüfung ausschließlich wiederholen, was Sie gelesen und exzerpiert haben. Deshalb ist jeder Gang in die Bibliothek möglicherweise verunsichernd. Ein Buch, in dem Sie zufällig blättern, enthält Inhalte und Gesichtspunkte, die Sie vielleicht bei der Vorbereitung Ihres Spezialgebietes gar nicht berücksichtigt haben. Das wirkt sich beunruhigend aus und verursacht möglicherweise eine Herabsetzung des Selbstwertgefühls. Genau das aber können Sie jetzt nicht brauchen, im Gegenteil: Sie sollten wiederholen, was Sie gelesen und vorbereitet haben.

Für diese Aspekte haben Sie sich ja nicht ohne Grund entschieden. Auch wenn die Gründe jetzt nicht mehr präsent sein sollten, müssen Sie den Minderwertigkeitskomplex abschütteln, als sei alles, was Sie nicht wissen, wertvoller oder gar wichtiger als das, was Sie gründlich vorbereitet, gewissenhaft exzerpiert und in eigenen Thesen formuliert haben.

Positive Stärkung ist jetzt die einzige Devise! Sie müssen allen Schwätzern und Besserwissern aus dem Weg gehen, sich in keine Stegreifdiskussionen über Ihre Spezialgebiete einlassen, sondern konsequent Ihre bisherige Linie durchhalten. Das bedeutet – konstruktiv gewendet –, daß Sie Ihre Wiederholungen anhand der Quellen, aus denen die Exzerpte stammen, kontrollieren könnten. Das hilft zur Vertiefung dessen, was Sie vorbereitet haben. Machen Sie sich bewußt, daß es jetzt zu spät ist, um etwas Neues noch hinzuzuziehen, und daß es ohnedies nicht möglich sein wird, alles in zwanzig, dreißig oder sechzig Minuten unterzubringen. Machen Sie sich klar, daß es nicht angebracht ist, in letzter Minute einen besonderen Ehrgeiz zu entwickeln. Was in Monaten Vorbereitungszeit nicht berücksichtigt wurde, braucht jetzt erst recht nicht in Angriff genommen zu werden. Beruhigen Sie sich, indem Sie sich mit dem, was Sie gründlich vorbereitet haben, begnügen. Mehr könnte weniger, zuviel könnte zu wenig werden. Ihr Spruch für die letzten Tage vor der Prüfung könnte lauten: „Rien ne va plus!" (nichts geht mehr!).

In diesen, den Körper und die Psyche belastenden Tagen sollten Sie alles tun, um unnötige Anstrengungen, Verdrießlichkeiten und Ärger zu vermeiden. Wenn Sie kein Nachtmensch sind, d.h.

also, wenn Sie lieber tagsüber arbeiten, dann sollten Sie sich nicht dazu überreden lassen, kurz vor Mitternacht noch auf ein Bier in eine Kneipe mitzugehen. Bei einem Bier bleibt es meist doch nicht. Wenn Sie eine Aussprache mit einem Bekannten als längst fällig betrachten, so warten Sie ab, bis die Prüfung vorbei ist. Vermeiden Sie, wenn irgend möglich, in dieser Zeit Streitigkeiten, Aufkündigung von Freundschaftsverhältnissen oder dergleichen. Fragen Sie sich, wenn das denn doch nicht ausbleiben kann, ob es nicht daran liegt, daß Sie unbewußt die Prüfung hinausschieben wollen und deshalb einen großen Ablenker benötigen, damit Sie den Terminaufschub vor sich und anderen legitimieren können.

In dieser Zeit braucht der angestrengte Körper mehr Ruhe und Schlaf als sonst. Der Teufelskreis besteht aber darin, daß man in diesen letzten Tagen verständlicherweise schlechter schläft und vielleicht auch unangenehme Träume hat. Mir persönlich hat ein regelmäßiger Tagesrhythmus mehr geholfen als jedes Schlafmittel. Der Körper gewöhnt sich recht bald an die Tagesabschnitte. Appetit, Schlaf, Arbeitslust usw. stellen sich zur gewohnten Zeit automatisch ein. Das alles entlastet von Anstrengung, Anspannung und Streß und steigert das psycho-physische Durchhaltevermögen.

2. *Sich in die Rolle des Prüfers versetzen*

Während der Wiederholung sollten Sie sich immer wieder in die Rolle des Prüfers zu versetzen versuchen. „Wenn ich der Prüfer wäre, was würde ich fragen, wenn ich diesen Aspekt, diesen Inhalt, dieses Problem hören oder dargestellt haben wollte?“ Wir haben es hier mit einem merkwürdigen Phänomen zu tun. Viele Studenten lernen Theorien und Argumentationszusammenhänge, indem sie sich von den diesen Theorien immanenten Fragen leiten lassen. Da reihen sich dann logisch die Glieder aneinander und dann steht das Ganze schön da. Fragt man aber „quer“, so haben sie oft Schwierigkeiten. Solche Fragen, die den immanenten Rahmen einer in sich geschlossenen Theorie sprengen, gehören zur Erweiterung des Horizontes. Der Prüfer will in erster Linie sehen, ob Sie Theorien adäquat darzustellen vermögen. Dann aber geht er meist einen Schritt weiter. Es gibt kein Rezept, wie man sich auf solche Fragen vorbereiten kann. Mir persönlich ist

es aufgefallen, daß Studenten, die ihre Vorbereitung eher „dialogisch" als monologisch gestalten, in solchen Fällen günstiger reagieren. Ich möchte daher die Anregung geben, sich während der Wiederholung stets in die Lage des Prüfers zu versetzen, seine möglichen Reaktionen, Fragen und Informationswünsche vorwegzunehmen. Das aber ist ein ebenso phantasievolles wie schwieriges Unterfangen. Denn Intelligenz kann man mit dem Sozialpsychologen George Herbert Mead auffassen als eine Fähigkeit, sich in die Lage eines anderen Menschen zu versetzen, mit dem man interagiert.

Solche Rollenspiele und Prüfungssimulationen können Sie sowohl mit sich selbst als auch in der Gruppe veranstalten. Allerdings empfehle ich für die letzten Tage vor der Prüfung das gegenseitige Fragen nicht, denn das kann auch verunsichernde Wirkung haben.

3. Vorsicht mit Details

Wer Details kennt, zeigt damit sein gutes Gedächtnis, vielleicht auch etwas mehr, aber ich halte es für einen Fehler, wenn Examenskandidaten mit Details einen guten Eindruck zu machen versuchen. Zunächst einmal hat, davon wird man ausgehen können, kein Prüfer alle Details über jedes Spezialgebiet im Kopf. Zudem verlieren pedantische Detailjäger zu viel Zeit, um Einzelheiten zu exzerpieren und durch Wiederholung präsent zu halten. Details sind für die Niederschrift geeignet, also für eine größere Arbeit. In der mündlichen Prüfung wird man indes keine Details wissen wollen, ohne die zu ihnen gehörigen Hauptlinien rekonstruieren zu lassen. Der Prüfer legt Wert darauf, daß Sie die größeren Zusammenhänge, in denen Ihr Spezialgebiet steht, überblicken. Dann erst, wenn das der Fall ist, kann ein Detailwissen nicht schaden, im Gegenteil es kann zeigen, daß Sie in Ihrer souveränen Rekonstruktion sogar die kleinsten Mosaiksteine einsichtig unterbringen können.

Damit habe ich angedeutet, wie der Verlauf einer Darstellung in der Prüfung sein sollte. Wichtig ist zunächst, daß Sie Ihr Thema oder Ihr Spezialgebiet in einen größeren Zusammenhang stellen, daß Sie dann Ihrer Leitlinie folgen und schließlich ein oder zwei Detailprobleme kurz zur Sprache bringen. Damit ist auch angedeutet, wie man Detailwissen schon bei der Vorbereitung einbezieht und in seine Thesen integriert. Besonders guten Eindruck machen die Examenskandidaten, die nach der Darstellung des Detailproblems nochmals von dort aus zu der Formulierung bzw. der allgemeinen These zurückkehren, mit der sie begonnen hatten. Dieser Abrundungseffekt ist nicht zu unterschätzen.

In den letzten Tagen vor der Prüfung sollte man sich also möglichst wenig gedächtnisbelastendes Detailwissen einpauken. Wenn Sie ein paar Details bringen wollen oder zu bringen hoffen, so muß dies in einem funktionalen Zusammenhang mit den Thesen stehen, die Sie für Ihre Fragestellungen ausgearbeitet haben. Wenn diese funktionale Einbeziehung nicht gelingt, so sollten Sie das Detailwissen weglassen, und wenn es noch so witzig oder geistreich ist. Hier hilft nur die Kunst des Weglassens, und die ist nicht leicht. Auch wenn es dafür keine Rezepte gibt, gilt generell: Was Sie darstellen, sollte einen Kreislauf vom Allgemeinen zum Besonderen durchlaufen, wobei am Schluß nochmals die allgemeine Ausgangsthese aufgenommen werden sollte.

Der umgekehrte Weg, nämlich von einem Beispiel, einem Detailwissen oder einem konkreten Fall ausgehend zu einer allgemeinen These zu gelangen, ist methodisch ebenso legitim und didaktisch sogar einleuchtend, aber meist deshalb schwieriger, weil selten an einem günstigen Beispiel die ganze Plausibilität einer allgemeinen These dargetan werden kann.

4. Tapetenwechsel zwei Tage vor der Prüfung

Wer Tischtennis spielt, kennt ein merkwürdiges Phänomen, das auch bei anderen Sportarten bisweilen in ähnlicher Form auftaucht. Es ist das Paradox, daß eine Trainingspause von zwei Wochen entgegen allen Erwartungen den gegenteiligen Effekt hat: Man spielt besser als vorher. Diese Trainingspause darf allerdings nicht überzogen werden. sonst lassen Reaktionsvermögen, Ballgefühl und schließlich Kondition und Spielstärke insgesamt nach. Ein ganz ähnliches Phänomen habe ich bei mir beobachtet. Wenn die geistige Arbeit mich zu sehr angestrengt hat, begegnete ich plötzlich unlösbaren Problemen. Ich wußte meist nicht, daß das Problem nicht immer in der Sache steckt, sondern in meiner Müdigkeit. Dies ist insbesondere dann der Fall, wenn man überdreht ist, immer weitermacht und eigentlich kaum mehr aufhören kann.

Zwei Tage vor der Prüfung sollten Sie sich einen Tag Pause gönnen und diese mit einem Tapetenwechsel verbinden. Ein Tagesausflug, ein Verwandten- oder Freundesbesuch wirkt Wunder. Sie gewinnen Distanz zu Ihrem täglichen Wiederholen, Rollenspiel und den sonstigen Vorbereitungsarbeiten der letzten Phase. Wenn Sie dann am nächsten Tag wieder an die Arbeit gehen, werden Sie sehen, was sich alles gerade durch diese kurze Distanz getan hat, ohne daß Sie bewußt dazu etwas beigetragen hätten. Tun Sie an diesem Tag das, wozu Sie Lust haben und lassen Sie das Examen für einen Tag zu Hause liegen. Es lohnt sich.

5. Was tun gegen die Prüfungsangst?

Gegen die Prüfungsangst ist letztlich kein Kraut gewachsen; warum aber sollte es auch? Ist Angst nicht etwas völlig Natürliches? Aufregung, Angst, nervöse Erscheinungen, psychosomatisch bedingte Leiden sind bis zu einem gewissen Grade durchaus natürlich. Sofern es sich um eine Prüfungsangst handelt, die man als natürlich bezeichnen kann, nützt in erster Linie eine gründliche

Vorbereitung. Wenn Sie genau wissen, was Sie in der Prüfung darstellen werden, so reduzieren Sie die Risikofaktoren erheblich. Das gilt in hohem Maße für die mündlichen Prüfungen, bei denen im Gespräch deutlich wird, was der Kandidat kennt oder kann, und wo er – falls dies dem Prüfer nicht klar wird : schlicht sagen kann: „Mit diesem Aspekt habe ich mich nicht befaßt.“ Das ist keineswegs negativ, denn ich gehe zunächst davon aus, daß jeder mündlichen Prüfung (in Sozial- und Geisteswissenschaften) Vorgespräche vorausgegangen sind, daß der Prüfer Thesenblätter erhalten hat, daß mit einem Wort das heilige Ritual der Prüfung bereits partiell entmystifiziert worden ist. Legen Sie sich daher unbedingt in Thesenform Ihre Argumentationslinie zurecht. Das ist Ihre einzige Stütze, der Rest ist Geistesgegenwart und eine Prise Glück. Nun entwickelt sich natürlich entlang dieser Linie ein Gespräch, d.h. es zeigen sich Seitenwege und andere Zusammenhänge, die vielleicht quer zu Ihrer Argumentationslinie oder konträr dazu liegen. Die Kunst besteht nun darin, daß Sie elastisch bleiben, sich auf diese Seitenwege zwar einlassen, doch die Hauptargumentationslinien nicht aus dem Auge verlieren.

Angst kann jetzt darin bestehen, daß eine der berühmten Wenn-Fragen, die man an sich selbst stellt, lauten könnte: Was passiert, wenn ich von dieser Linie abweiche und auf sie nicht mehr zurückkommen kann? Meine Antwort lautet: Verhehlen Sie nicht, daß Sie gern auf Ihre eingangs angedeutete Argumentationslinie zurückkehren möchten. Manchmal hilft das nicht; dann sollten Sie auch nicht verkrampft versuchen, das, was der Prüfer gar nicht hören will, um jeden Preis loszuwerden.

Eine andere Angstquelle ist das totale Zweifeln an allem, was man vorbereitet hat. Ich glaube, jeder kennt dieses Phänomen, daß man irgendwann von einem Pauschalzweifel überwältigt wird. Das Selbstwertgefühl sinkt auf einen Tiefpunkt; was man vorbereitet hat, erscheint einem plötzlich wertlos, man sucht dann wenige Tage vor der Prüfung einen völlig neuen Zugriff zu dem einen oder anderen Spezialgebiet. Auch das halte ich in gewissem Grad für natürlich. Allerdings kenne ich Studenten, die viermal von diesem Gefühl überfallen wurden und ihren Examenstermin verschoben haben. Diese überkritische Haltung ist möglicherweise eine Folge der Angst vor Versagen oder der zu hohen Ansprüche an sich selbst. Mir scheint, daß das Examen hier falsch verstanden worden ist. Eine akademische Abschlußprüfung oder eine Dissertation sollte man als die Bescheinigung eines handwerklichen Könnens auffassen, nicht als Bestätigung einer Vollendung. So gesehen, scheint Angst eine Quelle zu haben, die auf ein verzerrtes Bild von der Hochschulrealität zurückgeht.

Angst, die trotz gründlicher inhaltlicher Vorbereitung an Intensität derart zunimmt, daß man sich wie gelähmt fühlt, bedarf einer psychologischen oder gesprächstherapeutischen Behandlung. Dies kann angesichts der drängenden Prüfungstermine nicht neben der Prüfungsvorbereitung einhergehen. Eine gewisse Notbremse bietet hier die Hypnose, in die der Examenskandidat von einem Psychologen versetzt wird. Im Hypnosezustand wird durch massive Suggestion das Selbstwertgefühl gestärkt, das Selbstvertrauen wieder hergestellt, Zutrauen eingeflößt, mit einem Wort, eine Vielfalt von positiven Verstärkern eingegeben. Bei vielen Kandidaten hat eine hypnotische Behandlung positive Wirkung; sie hält allerdings nur wenige Tage an. Insofern eignet sich diese Methode nur für die letzten Tage vor der Prüfung. Danach sollte sich eine psychotherapeutische, gesprächstherapeutische oder eine ähnliche Behandlung anschließen.

In den letzten fünf bis sechs Tagen vor der Prüfung sollten Sie folgendes beachten:

- 1. Schonen Sie sich zunächst physisch, indem Sie sich Zeit nehmen für körperliche Erholung (Schlaf, Spaziergänge etc.). Es ist nicht ratsam, in dieser Zeit beispielsweise eine Nacht durchzufeiern.
- 2. Stärken Sie sich selbst psychisch und vermeiden Sie alles, was Sie möglicherweise verunsichern würde (Diskussionen mit anderen Examenskandidaten, mit frisch Examinierten, vor allem mit Superklugen und Besserwissern). Denken Sie daran, daß in diesen letzten fünf, sechs Tagen nichts bewältigt werden kann, was nicht Monate und Wochen zuvor in Angriff genommen wurde.
- 3. Vermeiden Sie alles, was Sie Nerven kostet (Auseinandersetzung mit einer Versicherung, einem Freund oder einer Freundin etc.).
- 4. Versuchen Sie, sich in die Rolle des Prüfers zu ver-

setzen: „Was würde ich fragen, wenn ich dieses Thema zu prüfen hätte?"
- 5. Ein oder zwei Details sind nützlich und zeigen die Gründlichkeit der Vorbereitung. Der Überblick muß aber gewahrt werden. Zu viele Details lassen erkennen, daß Sie den Wald vor lauter Bäumen nicht sehen.
- 6. Zwei Tage vor der Prüfung sollten Sie sich eine Pause von einem Tag gönnen, die Sie mit einem Tapetenwechsel verbinden sollten (Tagesausflug, keine Bergsteigertour).
- 7. Es gibt kein Mittel gegen die Prüfungsangst, weil sie etwas Natürliches ist. Gute Vorbereitung ist meiner Meinung nach das geeignete Mittel. Pathologische Fälle können kurzfristig durch Hypnose und längerfristig durch Gesprächs- und Psychotherapie oder Psychoanalyse behandelt werden.

III. Am Tag der Prüfung

Die folgenden Ausführungen vergegenwärtigen den Tag, an dem die Prüfung stattfinden soll. Es ist ein wichtiger Tag, kein Zweifel. Daher sollte man sich über den Verlauf dieses Tages einige Gedanken machen. Alles, was in F.II.1. über physische Schonung und psychische Stärkung gesagt wurde, gilt natürlich erst recht für diesen Tag. Ihm vorausgegangen sein sollte eine ruhige Nacht und hinreichend Schlaf. Examenskandidaten, die die ganze Nacht durchmachen, kann man allenfalls verstehen. Aber denken sie auch daran, daß ihre Konzentration genau dann nachlassen könnte, wenn es endlich so weit ist? Ich persönlich glaube nicht, daß es lohnt, sich einen Tag vor der Prüfung derart zu verausgaben. Aber Menschen sind verschieden.

1. Der Countdown

Wenn es irgend geht, sollten Sie den Zeitpunkt der Prüfung selbst zu bestimmen versuchen. Das ist bei schriftlichen Prüfungen und bei den mündlichen Staatsexamina nicht, hingegen beispielsweise bei der Magisterprüfung oder beim Rigorosum nach Absprache mit dem Prüfer oft möglich. Haben Sie nach dem Mittagessen eine Flaute, so sollten Sie den frühen Nachmittagstermin nach Möglichkeit vermeiden. Sind Sie eher Spätaufsteher, so versuchen Sie, Ihren 8-Uhr-Termin möglichst zu verschieben. Die Prüfung sollte idealiter um die Zeit stattfinden, die sich mit Ihrem täglichen Konzentrationshöhepunkt deckt.

Zeitlich muß der Countdown gut geplant werden. Wie lange Sie für Duschen und Morgenpflege brauchen, wie ausgiebig Sie zu frühstücken pflegen, die Zeit, die Sie von Haus zu Haus benötigen – das alles sollten Sie genau berücksichtigen. Hinzu kommt eine halbe Stunde extra, damit es an diesem Tag keine Hetze und Eile geben muß, denn das nervt.

2. Die letzte Wiederholung

Eine letzte Wiederholung von ca. 60–90 Minuten unmittelbar vor der Prüfung hat bei mir außerordentlich positive Wirkung gehabt. Ich habe meine Thesen gründlich durchgelesen und mir den so wichtigen ersten Satz vergegenwärtigt. Stellenweise habe ich auch die Thesen schon laut vor mich hin gesprochen. Diese Zeit muß bei dem Countdown besonders präzise veranschlagt werden, denn wenn man fünf Spezialgebiete hat, am Prüfungstag jedoch nur drei Gebiete anhand seiner Exzerpte wiederholen kann, so ist dies ein ziemlich unbefriedigendes Gefühl. Neben der Eile, die die Konzentration beeinträchtigte, hatte ich das Gefühl, daß die Spezialgebiete, die ich nicht mehr wiederholen konnte, schlechter vorbereitet waren. Nicht alles war so präsent, wie es sein sollte. Insofern ist die Empfehlung, noch am Tag der Prüfung alle Thesen einmal zu wiederholen, an die Bedingung zu knüpfen, daß dazu auch hinreichend Zeit vorhanden ist, aber auch Ruhe, Konzentrationsfähigkeit und Nerven.

3. Die äußere Erscheinung

„Sagen Sie, Sie kauen doch was. Schlucken Sie es doch runter!", sagte der Prüfungsvorsitzende einem Kandidaten. „Geht nicht", antwortete dieser, „'s ist ein Kaugummi." Diese Szene habe ich selbst erlebt. Der Examenskandidat, ein Student in Jeans, einem rotbraunkarierten Hemd, dessen Ärmel er zweimal hochgeschlagen, nachdem er seine braune Lederjacke ausgezogen und auf das Sofa geworfen hatte, saß vornübergebeugt dem Prüfer gegenüber. Seine glatten und fetten Haare hingen ihm ins Gesicht, wenn er den Kopf nach vorne hängen ließ. Sie bedeckten das halbe Gesicht, wenn er die Zimmerdecke, und zwar genau den Winkel anstarrte, in dem sich die drei Linien treffen. Blickkontakt mit seinem Prüfer vermied er tunlichst, wobei ihm die Haare offenbar gute Dienste leisteten.

Er bestand die Prüfung, hinterließ aber von seinem äußeren Erscheinungsbild her keinen sonderlichen Eindruck. Man kann sich darüber freuen, daß der schwarze Anzug und die dazugehörige silbergraue Krawatte endlich passé sind. Auch ein feierliches Kleid wird heute gottlob nicht mehr erwartet. Aber muß man deshalb gleich ins andere Extrem fallen, um sich zu fühlen? Auch diese Frage muß letztlich dem individuellen Geschmack überlassen bleiben. Ich persönlich halte eine gepflegte äußere Erscheinung für angemessen.

4. Das pünktliche Erscheinen

Kleinigkeiten können von großer Bedeutung sein. Eine Kleinigkeit, die von außerordentlich großer Bedeutung ist, ist das pünktliche Erscheinen zum Prüfungstermin. Wenn irgend möglich, sollten Sie das Warten auf dem Flur vor dem Prüfungszimmer vermeiden. Es ist zermürbend, vor allem dann, wenn vor Ihnen andere geprüft werden. Sie kommen meist aus dem Zimmer heraus, die wartende Menge stürzt sich auf sie (oder ihn). Alles, was hier an Gedanken und Informationen ausgetauscht wird, kann nur eine einzige Wirkung haben: Verunsicherung, Aufregung, noch mehr Spannung. All dem Trubel sollten Sie sich unbedingt fernhalten. Denken Sie daran, daß das Ergebnis Ihrer Prüfung davon abhängt, wie gründlich Sie sich vorbereitet haben, wie gut Sie Ihre vorbereiteten Thesen entwickeln können. Das Erlebnis eines andern kann für Sie ziemlich irreführend sein. Und genau das sollten Sie nicht in letzter Minute riskieren. Bleiben Sie selbstbewußt und verlassen Sie sich auf sich und Ihre Vorbereitung.

Am Tag der Prüfung sollten Sie folgendes beachten:

- 1. Planen Sie den Countdown genau und rechnen Sie dann zwei Stunden dazu für die Vermeidung jeglicher Hetze.
- 2. Wiederholen Sie in Ruhe ein letztes Mal alle Thesen, die Sie vorbereitet haben. Es ist wichtig, alles zu wiederholen und kein Gebiet auszulassen.
- 3. Achten Sie auf ein gepflegtes Äußeres.
- 4. Erscheinen Sie nicht zu früh zum Prüfungstermin. Falls sich das nicht vermeiden läßt, ziehen Sie sich zurück und reden Sie möglichst nicht mit anderen Examenskandidaten oder mit frisch Examinierten.

IV. In der Prüfung

Dieser Abschnitt befaßt sich mit der Prüfungssituation selbst, und zwar mit der Situation in der mündlichen Prüfung. Sie werden also aufgerufen und treten dann in das Prüfungszimmer ein. Außer dem Prüfer ist in der Regel ein Protokollant da, der in Stichworten festhält, welche Inhalte zur Sprache gekommen sind. Bei Staatsprüfungen ist auch ein Vertreter des Prüfungsamtes bzw. des Kultusministeriums anwesend, der auch zugleich Prüfungsvorsitzender ist. Begrüßen Sie freundlich alle drei, bevor Sie sich setzen. In der Regel fragt nur der Prüfer, aber der Prüfungsvorsitzende kann und darf Fragen stellen, während der Protokollant in der Regel keine Fragen stellt.

Meistens beginnt die Prüfung damit, daß der Prüfer den Kandidaten fragt, mit welchem seiner Spezialgebiete er zuerst anfangen möchte. Und hier sollten Sie das Gebiet angeben, das Sie am besten beherrschen, denn der erste Eindruck ist nicht nur wichtig, sondern auch prägend.

1. *Die Darstellung*

Nun sind Sie dran; die Zeit läuft davon. Je mehr Information Sie im Zusammenhang darstellen, umso vorteilhafter für Sie. Aber Vorsicht! Ruhig bleiben und bei Aufregung einfach mal zweimal tief ein- und wieder ausatmen. Entkrampfen Sie Ihre Schultern, lassen Sie bewußt die Arme sinken. Bei manchen Kandidaten gehen die Schultern immer höher, der Hals erscheint immer kürzer. Man hat den Eindruck, als ob sie den Kopf am liebsten verstecken wollten.

Ihre Darstellung sollte sich an den folgenden drei Formeln orientieren:

- Geschickt und übersichtlich anfangen
- Präzise formulieren
- Hauptentwicklungslinien der Argumentation einhalten.

1.1. Geschickt anfangen

„Ja, also, das Thema ‚frühkindliche Erziehung' ist sehr komplex. Ich hab mich mit diesem Thema ‚frühkindliche Erziehung' befaßt, und zwar weil ich vor zwei Semestern, nee vor drei Semestern ein Seminar mit dem Titel ‚frühkindliche Sozialisation' mitgemacht hab, wo ich ein Referat eben über dieses Thema ‚frühkindliche Erziehung' geschrieben habe. Das Thema ist also, wie gesagt, sehr komplex, und zwar deshalb, weil die Meinungen der Theoretiker da ziemlich auseinandergehen ..." (wörtliches Protokoll).

Niemanden macht es neugierig, wann Sie ein Seminar worüber gemacht haben und warum Sie folglich zu diesem Thema gekommen sind. Das sind keine Informationen über das Thema, sondern über Ihr Verhältnis zu ihm. Kommen Sie schnell zur Sache, machen Sie Ihre Zuhörer neugierig, breiten Sie rasch die Palette dessen aus, was Sie vorbereitet haben, damit der Prüfer einen Wink erhält, über welche Aspekte er sich mit Ihnen unterhalten soll. Es gibt selten Prüfungskandidaten, die geschickt beginnen. Dieser psychologisch außerordentlich wichtige Punkt geht in der Examensvorbereitung völlig unter. Viele helfen sich mit einer geschwollenen Definition aus irgendeinem Handbuch, um dann in die Umgangssprache hinunterzufallen.

Warum sagen Sie nicht beispielsweise: „Bei der Vorbereitung dieses Themas habe ich mich auf drei Aspekte beschränken müssen. Es handelt sich um den Aspekt X, bei dem ich mich auf die Theorien von A und B beziehe, den Aspekt Y, für den ich wesentliche Anregungen aus den Theorien von C und D bekommen habe und schließlich um den Aspekt Z, der eine Art Synthese oder Kombination der beiden Aspekte X und Y ist und den vor allem Herr Sowieso vertritt. Zu jedem Aspekt läßt sich einiges Kritische anführen. Ich möchte im Durchgang durch diese drei Aspekte den Gedanken entwickeln, daß ..."

Wer so oder ähnlich beginnt, macht den Versuch, seine Prüfung selbst zu steuern. Er gibt dem Prüfer eine klare Linie in die Hand. Natürlich garantiert das keineswegs, daß sich der Prüfer auch daran hält. Aber dieser weiß, auch wenn er abweicht, welche Linie Sie gern verfolgen würden. Das ist, so meine ich jedenfalls, für beide Kommunikationspartner in diesem unpädagogischen Spiel beruhigend. Mit der Andeutung der drei Aspekte zeigen Sie den Umfang Ihrer Vorbereitungsarbeit, mit der Systematik Ihren Überblick über das Thema, mit der Kritik Ihre wissenschaftliche Vorgehensweise (wobei Kritik positiv-würdigend, negativ-zerstörend und konstruktiv-ergänzend sein kann). Sie zeigen, daß Sie einen Gedankengang entwickeln wollen, und das – wie wissenschaftlich üblich – in der kritischen Berücksichtigung ähnlicher Gedanken. Das macht neugierig.

Hier eine andere Möglichkeit: „Bei der Vorbereitung dieses Themas habe ich zwei methodische Probleme gehabt. Falls es nicht als Abweichung empfunden wird, würde ich gern aus diesen beiden methodischen Problemen heraus meinen Zugang zum Thema darstellen, wobei ich mit jedem methodischen Problem eine Fragestellung verbinde. Anschließend ließe sich die Bedeutung dieses Themas für X diskutieren."

Ein solcher Anfang zeigt, daß Sie methodisch vorgegangen sind. Den Prüfer macht es neugierig, welche zwei methodischen Probleme es gewesen sind, und wie Sie diese mit jeweils einer Fragestellung zu verknüpfen gedenken. Auch hier sind Sie es, der/die die Route angibt. Wer einen geschickten Anfang macht, erleichtert dem Prüfer und sich selbst das Gespräch. Denn nichts ist schlimmer in der Prüfung als ein Ratespiel, bei dem man das, was der andere wissen oder loswerden will, tastend erraten muß.

1.2. Präzise fomulieren

Das bedeutet nicht, Sie sollen geschwollen reden. Es gibt Examenskandidaten, die ganze Passagen aus Büchern nahezu wörtlich übernehmen. Das fällt vor allem dann auf, wenn der Kontrast zu der eigenen Sprache fühlbar wird. Geschickte Einstreuung eines Satzes, der ebenso prägnant wie präzise den Kern eines Problems trifft, scheint mir durchaus berechtigt. In dem Fall kann auch auf die entsprechende Quelle verwiesen werden. Präzise formulieren will sagen, daß so klar wie möglich, nicht ausführlicher als nötig und vor allem logisch ineinandergreifend dargestellt werden soll. Wenn es um das Problem der Klarheit ging, habe ich auf der Hochschule die merkwürdige Erfahrung gemacht, daß Studenten bei der Darstellung eines Problems (z.B. in einem Referat oder auch in einem mündlichen Statement) dazu tendieren, viele Assoziationen und Gedankenschritte schlicht vorauszusetzen. Ich habe häufig den Eindruck, daß ihnen das Problem einsichtig ist, daß sie jedoch Schwierigkeiten zu haben scheinen, sich in die Lage derer zu versetzen, welche sich nicht oder nicht gerade damit befaßt haben. So bleiben denn auch etliche mündliche Seminarbeiträge nur teilweise verständlich und nicht von allen Teilnehmern nachvollziehbar. Natürlich macht man immer irgendwelche Voraussetzungen, wenn man über ein wissenschaftliches Thema spricht. Und keiner erwartet, daß Sie bei Adam und Eva anfangen sollen. Wohl aber sollten Sie sich fragen, ob Ihre Zuhörer nicht das Recht haben zu wissen, in welchem Zusammenhang die These steht, die Sie entwickeln wollen, welche Voraussetzungen dazu gehören, worauf das Ganze hinausläuft und wozu es gut ist. Das zu klären, bedeutet eine klare Disposition zu entwickeln. Wenn es Ihnen gelingt, den Zusammenhang, in dem Ihr Thema, Ihr Spezialgebiet (Ihr Referat oder Ihre These) steht, klar zu umreißen, dann entstehen auch weniger Unterbrechungen. Zumindest werden unterbrechende Rück- und Verständnisfragen auf ein Minimum reduziert. Sie gewinnen Zeit und können in Ruhe den Ertrag Ihrer Vorbereitungsarbeit entfalten.

Wie ausführlich diese Problementfaltung sein muß, damit unnötige Wiederholungen, die den Prüfer langweilen, ebenso vermieden werden, wie Verkürzungen, die Anlaß zum Einhaken geben, müssen Sie selbst entscheiden. Hinweise dazu finden Sie in den Kapiteln C und D. Prinzipiell hilfreich sind Simulationen der

Prüfungssituation in der Gruppe oder vor einem Zuhörer, den Sie allerdings mit Bedacht aussuchen sollten. Die wichtigsten Eigenschaften eines guten Zuhörers sind: Aufmerksamkeit, Geduld, Güte. Ihre Darstellung sollte Wiederholungen enthalten, und zwar so, daß Sie in einem prägnanten Satz zusammenfassen, was – sagen wir – die Gedankenglieder 1 bis 3 erbracht haben, bevor Sie die Gedankenschritte 4 bis 6 entfalten. Am Schluß können Sie die dargestellten 6 Gedankenschritte mit Ihrer Hauptthese in Verbindung bringen, was ja eine gewisse Wiederholung impliziert. Damit ist auch das logische Ineinandergreifen Ihrer Gedankenschritte angesprochen. Sie müssen dem Prüfer deutlich machen, daß jeder Schritt in Ihrer Darstellung notwendig und logisch ist. Wenn das gelingt, reduzieren Sie vorgreifende Fragen auf ein Minimum. Solche Fragen, die auf das vorausgreifen, was der Kandidat noch nicht dargestellt hat, sind nicht selten, weil der Prüfer das Simulationsspiel der Entwicklung nicht immer mitmacht. Diesen Fragen hängt immer ein spielverderberisches Moment an. Ich selbst habe in solchen Fällen zu einer Formulierung wie dieser gegriffen: „Darf ich auf diese Frage zurückkommen, nachdem ich noch ein wenig ausgeholt bzw. entwickelt habe?“ Oder: „Wenn Sie gestatten, nehme ich diese Frage auf, wenn ich noch zwei weitere Gedankenketten eingegliedert habe.“

1.3. Argumentationslinien einhalten

Jedes Gespräch hat eine eigene Dynamik, die niemand genau vorausplanen kann. Abweichungen von den angegebenen Themen, Nebensächlichkeiten, die sich unversehens ausarten können, kommen auch in der Prüfung vor. Manchmal bieten sie eine Chance zu einem echten Gespräch, und bisweilen bedeuten sie auch die Gefahr der Verzettelung und der Verwirrung. Als Examenskandidat dürfen Sie mit einigem Recht erwarten, daß sich der Prüfer an die verabredeten und in vorausgegangenen Prüfungsvorgesprächen besprochenen Themen hält. Nach meinen Erfahrungen ist dies in der Regel auch der Fall. Nun passiert aber, daß eine zunächst scheinbar unwichtige Frage eine Eigendynamik entwickelt. Zuerst hält man sie vielleicht für unwichtig, dann aber schaltet sich der Prüfer aktiv ein, führt etwas dazu aus, was ein Gespräch zwischen dem Prüfer und dem Vorsitzenden hervorruft. In solchen Fällen müßte eigentlich der Protokollant sich einschalten, aber ich bin mir nicht sicher, ob er das auch wirklich tun würde. Massive Abweichungen dieser Art, bei der bis zur Hälfte der verfügbaren Prüfungszeit verlorengeht, kommen recht selten vor. Hingegen häufiger sind Prüfungsgespräche, die sich mit der Vorbereitung des Kandidaten nicht decken. Es ist in solchen Situationen sehr schwierig, dem Prüfer anzudeuten, daß man eigentlich eine ganz andere Linie verfolgen würde. Zwar wäre es wohl eine ideale Prüfung, wenn die Fragen des Prüfers nur noch die Gedankenentwicklung des Prüfungskandidaten ergänzten, aber warum sollte man dieses Ideal nicht wenigstens ansteuern? Zu wollen oder zu erwarten, daß es so läuft, wie man sich vorgestellt hat, ist nirgendwo eine gegen Enttäuschung gefeite Einstellung. Aber mit Geschick darauf hinweisen, daß man jetzt gern zur Hauptlinie seiner Argumentation zurückkommen möchte, das scheint mir erlaubt. Versuchen Sie daher, während des Verlaufs des Prüfungsgesprächs Ihre Grundlinie der Argumentation im Auge zu behalten. Beziehen Sie, wenn irgend möglich, die Fragen des Prüfers in Ihre Entwicklungslinien ein. Etwaige Formulierungshilfen dafür könnten lauten: „Auf diese Frage kann man von unterschiedlichen Positionen aus eingehen. Wenn ich an meine These erinnern darf, daß ..., so könnte eine Antwort dahingehend formuliert werden ..." Oder: „Im Zusammenhang der These, die ich darzustellen versuche, gewinnt diese Frage insofern Bedeutung, als ..." Oder: „Man kann auf diese Frage zunächst eine sehr knappe Antwort geben. Berücksichtigt man aber die These, daß ..., so läßt sich die Antwort breiter entfalten."

Wenn es Ihnen gelingt, die Fragen des Prüfers in dieser konstruktiven Weise aufzunehmen und in Ihre Argumentation zu integrieren, so werden Sie feststellen, daß es möglich ist, die Prüfung selbst zu steuern oder wenigstens aktiv mitzugestalten.

2. *Das Prüfungsgespräch*

Je länger, zusammenhängender und intensiver Sie in der mündlichen Prüfung darstellen können, umso besser wird das Ergebnis der Prüfung sein. Ihr Bestreben müßte somit darin bestehen, das Prüfungsgespräch als Gelegenheit für die Darstellung zu nutzen. Hinweise dazu will dieser Abschnitt geben.

2.1. Den Kern der Frage erfassen

Es ist unglaublich, wie oft Kandidaten Fragen des Prüfers falsch verstehen. Kaum daß die Frage ausgesprochen ist, schießen sie in ihrer Aufregung los und erzählen das, was sie für eine Antwort halten. Da muß der Prüfer sie schon unterbrechen: „Das ist schon richtig, aber das wollte ich nicht wissen ..." Ein solches Prüfungsgespräch ist unbefriedigend bis frustrierend. Deshalb sollten Sie solange auf eine Frage nicht eingehen, bis Ihnen klar ist, was der Kern der Frage ist.

Es gibt ein einfaches Mittel, um das Aneinandervorbeireden zu vermeiden. Versuchen Sie, sich durch interpretative Wendungen zu vergewissern, was genau der Prüfer wissen, in welche Richtung er das Gespräch lenken will. Schon ein: „Sie meinen mit dieser Frage ..." hilft Ihnen, die Frage in eigenen Worten zu wiederholen. Das ist das mindeste. Besonders schlaue Kandidaten versuchen sogar, der Frage eine von ihnen gewünschte Nuance zu verleihen. Aber das wird in der Regel durchschaut, und auch wenn der Prüfer den Kandidaten nicht immer entlarvt, sollte man dies tunlichst vermeiden. Wenn Sie die Frage des Prüfers mit der harmlosen Wendung „Sie meinen ..." wiederholen, gewinnen Sie Zeit zur Reflexion, zur Ordnung Ihrer Gedanken. Das ist wichtig für die ruhig und souverän vorgetragene Darstellung. Gerade dann, wenn Sie meinen, daß die ideale Frage gestellt worden ist, bei der Sie Ihre Thesen an den Mann bringen können, sollten Sie Ruhe bewahren, sich kurz die Frage vergegenwärtigen, vielleicht einmal tief Luft holen, bevor Sie anfangen.

Eine andere Möglichkeit der Rückversicherung bietet die Wendung: „Das ist die Frage nach ..." Mit dieser Wendung stellen Sie fest, daß es sich beispielsweise um eine methodologische oder didaktische, theoretische oder auch nur um eine Informationsfrage handelt. Auch hier gibt es pfiffige Kandidaten, die da etwa sagen: „Diese Frage hat verschiedene Aspekte. Ich möchte zunächst auf den wissenschaftstheoretischen Aspekt eingehen, bevor ich zur Anwendungsproblematik komme." Ich halte es aber für aufrichtiger zu sagen: „Die Frage hat verschiedene Aspekte. Ich habe mich bei meiner Vorbereitung vor allem auf den wissenschaftstheoretischen Aspekt konzentriert."

Wenn es zutrifft, daß eine Prüfung ein Gespräch auf hohem Niveau ist, so ist die wichtigste Voraussetzung die exakte Übereinstimmung darüber, was verhandelt wird. Ich kenne einen hochangesehenen Linguistikprofessor, der in der Prüfung äußerst ungern unterbricht. Er hört zehn Minuten geduldig zu, um hernach ebenso korrekt wie trocken zu kommentieren: „Das ist nicht die Antwort auf meine Frage." Der positive Eindruck, den ein Prüfungskandidat hinterläßt, der während des ganzen Prüfungsgespräches den Kern von Fragen zu erfassen versucht, bevor er mit seiner Darstellung beginnt, ist weder psychologisch noch methodisch-systematisch zu unterschätzen.

2.2. Rückfragen stellen

Eine Frage, auf die Ihnen zunächst keine Antwort einfällt, sollte Sie nicht verunsichern oder gar einschüchtern. Machen Sie selbstbewußt von Ihrem Recht Gebrauch, Rückfragen zu stellen. Eine Wendung wie „Da müßte ich nachfragen, worauf Sie hinaus wollen ..." Oder: „Ich bin mir noch nicht ganz sicher, in welche Richtung diese Frage zielt ..." hilft zunächst das Schweigen zu überwinden. Der Gesprächsfaden reißt nicht ab. Der Prüfer merkt, daß Sie Schwierigkeiten haben, ihn zu verstehen. Dann erläutert er die Frage, wobei es zwei Möglichkeiten gibt. Entweder versteht der Kandidat jetzt den Kern der Frage, oder er ist über das Problem nicht informiert. In jedem Fall entsteht eine klare Situation. Für den zweiten Fall empfehle ich eine kurze und prägnante Antwort: „Mit diesem Problem habe ich mich bei meiner Vorbereitung nicht befaßt" und Sie können ja hinzufügen etwa, ... weil mich die Aspekte A, B und C bzw. die Probleme X, Y und Z beschäftigt haben." Es hat nämlich keinen Sinn, den Anschein zu erwecken, als wüßte man auch da viel, wo man nicht vorbereitet ist. Von diesem Komplex müssen Sie sich freimachen. Dafür gibt es eine plausible Begründung: Geprüft werden kann nur, was man weiß.

Es gibt jedoch eine Grenze, bei der Aufrichtigkeit in Naivität, Ehrlichkeit in Unbeholfenheit umschlägt. Und hier ist erhöhte Vorsicht geboten. Wendungen wie „Also da muß ich wirklich passen; da habe ich keine Ahnung; darüber weiß ich gar nichts" mögen ja ehrlich gemeint sein. Werden sie jedoch in einer 30minütigen Prüfung ein paar Mal benutzt, so können sie nicht folgenlos für die Bewertung bleiben. Handelt es sich um eine Informationsfrage, so sagen Sie wenigstens, wo Sie es nachschlagen würden, falls Sie diese Information eines Tages benötigen sollten. Handelt es sich um eine Problematisierungsfrage, so versuchen Sie es mit dem lauten Denken: „Sie fragen also nach dem Verhältnis von dem Problem X zum Problem Y. Das ist eine gute Frage. Und wenn ich versuche, dieses Verhältnis im Zusammenhang mit meinem Thema über Z zu sehen, so ..."

2.3. Kein Kommentar

„Ja, genau, das wollte ich nämlich auch gerade sagen." Eine solche Äußerung soll hier als (Kurz)Kommentar bezeichnet werden. Das macht prinzipiell keinen guten Eindruck; es klingt fad und hilflos, beinhaltet nichts außer der Feststellung, daß der Prüfer mit seinen Ausführungen recht hat. Eigentlich hätten aber diese Ausführungen vom Kandidaten gemacht werden müssen, der sich mit der Beteuerung „ja, genau ..." begnügt.

In solchen Fällen empfiehlt sich zu schweigen, falls wirklich nicht mehr als die verbale Bestätigung hervorzubringen ist. Eindrucksvoller wäre indessen, die Ausführungen zu ergänzen, von einem anderen Aspekt her zu beleuchten, für sie einen Begründungszusammenhang zu liefern oder gegen sie Argumente vorzubringen. Formulierungsvorschlag: „Ich möchte das, was Sie eben ausgeführt haben, noch dadurch untermauern, daß ich auf meine vorhin dargestellte These zurückkomme ..." Oder wenn Sie anderer Meinung sind als der Prüfer: „Sicher kann man das so sehen, und X als Vertreter der Sowiesoschule hat es in der Tat auch ähnlich aufgefaßt. Trotzdem könnte man mit einigem Recht fragen, ob ..." Solche Formulierungen halten das Prüfungsgespräch im Fluß. Ein zerhackter Kommentar wie „Nein, das glaube ich nicht" leitet auch einen Widerspruch ein. Aber er ist spannungslos, farblos und zu direkt.

2.4. Andeuten und wirken lassen

Das ist psychologisch hochwirksam. Wollen Sie mit einem Detailwissen Eindruck machen, so könnten Sie es ganz unterschiedlich anstellen. Sie könnten beispielsweise sagen: „Also ich bin diesem Problem detailliert nachgegangen. Da gibt es ja eine ganze Menge Literatur darüber. Es ist nämlich so ..." Der Prüfer versteht, daß Sie Ihr Wissen an den Mann bringen wollen. Nicht selten ist die

Reaktion etwa: „Gut, glaube ich Ihnen, aber wir wollen doch zu einer anderen Frage übergehen ..." Meiner Meinung nach ist eine solche Reaktion verständlich. Dem Examenskandidaten gelingt mit diesem Satz nämlich keineswegs, den Prüfer auf ein Problem neugierig zu machen. Er sagt, daß er da vieles gelesen hat, und wenn das Problem einen neben dem eigentlichen Thema liegenden Inhalt betrifft, so ist wahrlich nicht einzusehen, warum darüber Zeit verloren gehen soll.

Eine Formulierungsalternative wäre: „Ich möchte an dieser Stelle nur andeuten, daß im Anschluß an diese Theorie ein interessantes Detailproblem entstanden ist, nämlich die Diskussion über X." Falls Sie der Auffassung sind, daß das noch nicht genügt, können Sie ja leise hinzufügen: „Wir können bei Bedarf darauf zurückkommen." Dies macht neugierig, läßt vermuten, daß möglicherweise etwas Interessantes noch seiner Darstellung harrt. Und es ist erstaunlich, wie nachhaltig ein so scheinbar nebensächlich eingestreutes Wort wirken kann.

2.5. Mal auch eine Frage problematisieren

In Pädagogikprüfungen erlebe ich öfter, daß sich die Prüfer bisweilen einen gewissen „Scherz" dadurch erlauben, daß sie nach der Darstellung einer Theorie nun den Prüfungskandidaten fragen: „Nun schön, jetzt konstruieren Sie mal eine Situation in der Schulklasse, wo Sie diese Theorie anwenden." Meist legen die Kandidaten eine bemerkenswerte Bereitschaft an den Tag, auf diese Frage willig einzugehen. Recht besehen, impliziert diese oder eine ähnliche Frage nach der Anwendung einer Theorie, daß ein theoretisches Konstrukt auch in konkreten Handlungssituationen des Alltags anwendbar sein muß. Diese Annahme trifft keineswegs mit Notwendigkeit zu, es sei denn, daß man Theorien auf ihren instrumentellen Verwendungszusammenhang reduziert. In Prüfungssituationen sollten Sie daher den Mut aufbringen, eine Frage, die stillschweigende Implikationen enthält, zu problematisieren, um so den vermeintlich konstruierten Gegenstand in einer Metareflexion durchsichtig zu machen. Sie gehen dabei zwar auf die Frage ein, aber nicht so, daß Sie den Inhalt rekonstruieren, den die Frage unterstellt, sondern die Berechtigung der Frage selbst methodisch zum Gegenstand der Diskussion erheben. Nach meinen Erfahrungen werden solche Problematisierungen außerordentlich positiv bewertet. Vermutlich ist das deshalb so, weil in der Problematisierung der Prüferfragen die einzige Chance des Prüfungskandidaten liegt, das prinzipiell unsymmetrische Gespräch in der mündlichen Prüfung wenigstens punktuell symmetrisch zu gestalten.

– Den Abschnitt F IV sollten Sie eine Woche vor der Prüfung noch einmal lesen.

G. Literatur zum Thema Prüfung und Prüfungsvorbereitung

1. Ratgeber für Prüfungsvorbereitung

Dahmer, H. und J.: Effektives Lernen. Anleitungen zum Selbststudium; Gruppenarbeit und Examensvorbereitung. Stuttgart, New York ^{2}1979 (UTB Schattauer), bes. S. 143-175.

Haller, H.-D.: Examen in Pädagogik. Erfahrungen und Ratschläge. Stuttgart 1977 (Klett-Cotta).

Kantscher, T.: Prüfungen erfolgreich vorbereiten und bestehen. Fürstenfeldbruck 1982 (Heine).

Kühn, G.: Wie bestehe ich meine Prüfung? Müchen ^{3}1977 (Florentz).

Reischmann, J.: Leichter lernen – leicht gemacht. Arbeitstechniken für Schule und Studium, Fortbildung und Examensvorbereitung. Freiburg ^{2}1980 (Herder), bes. S. 114-130.

Ritter, U.P. (Hrsg.): Kleine Fibel zur Prüfungsvorbereitung. Hamburg 1977 (Arbeitsgemeinschaft für Hochschuldidaktik).

Ruddies, G.H.: Nie mehr Prüfungsangst. Düsseldorf und Wien 1980 (Econ).

Sader, M. u.a.: Kleine Fibel zum Hochschulunterricht. Überlegungen, Ratschläge, Modelle. München ^{3}1973 (Beck), bes. S. 94-110.

Scheer, J.W./Zenz, H.: Studenten in der Prüfung. Eine Untersuchung zur akademischen Initiationskultur. Frankfurt 1973 (Aspekte).

Thomas, K.: Planen und Ordnen. Prüfungen systematisch vorbereiten und meistern. Stuttgart 1978 (Steinkopf).

2. Methoden des wissenschaftlichen Arbeitens

Alsheimer, H.: Studientechniken für Betriebswirte. Wiesbaden ^{2}1973 (Gabler).

Bangen, G.: Die schriftliche Form germanistischer Arbeiten. Empfehlungen für die Anlage und die äußere Gestaltung wissenschaftlicher Manuskripte unter besonderer Berücksichtigung der Titelangaben von Schrifttum. Stuttgart ^{7}1975 (Metzlersche Verlagsbuchhandlung).

Literatur zum Thema Prüfung

Beelich, K.-H./Schwede, H.-H.: Lern- und Arbeitstechnik kurz und bündig. Würzburg 1974 (Vogel).

Beer, U.: Methoden der geistigen Arbeit. Tübingen ^{4}1969 (Katzmann).

Binder, A. u.a.: Einführung in Techniken literaturwissenschaftlichen Arbeitens. Kronberg i.T. ^{2}1975 (Scriptor).

Böttcher, W./Zielinski, J.: Wissenschaftliches Arbeiten. Theoretische Grundlagen und praktische Einübung. Düsseldorf 1973 (Droste).

Borowsky, P. u.a.: Einführung in die Geschichtswissenschaft I. Grundprobleme, Arbeitsorganisation, Hilfsmittel. Opladen 1975 (Westdeutscher Verlag).

Dahmer, J.: Effektives Lesen und gezielte Prüfungsvorbereitung. Stuttgart 1976 (UTB-Schattauer).

Franck, N. u.a.: Projekt Studientechniken (PROST). Beiträge. Berlin 1981 (hrsg. v.: Presse und Informationsstelle der Hochschule der Künste Berlin).

Greschat, M. u.a.: Studium und wissenschaftliches Arbeiten. Eine Anleitung. Gütersloh ^{2}1970 (Mohn).

Hansen, G. u.a.: Einführung in wissenschaftliches Arbeiten. Grundlagen – Techniken – Verfahren. München 1978 (Kösel).

Hasselhorn, M. u.a. (Hrsg.): Wirkungsvoller lernen und arbeiten. Heidelberg ^{3}1976 (Quelle & Meyer).

Herrmann, I.: Richtig studieren. München 1982 (Ölschläger).

Heyde, J.E.: Technik des wissenschaftlichen Arbeitens. Mit einem erg. Beitrag Dokumentation von Heinz Siegel. Berlin ^{10}1970 (Kiepert).

Jesse, A.: Informationen systematisch gewinnen. Leitfaden für Studenten aller Fachrichtungen. Reinbek 1975 (Rowohlt Verlag).

Junne, G.: Kritisches Studium der Sozialwissenschaften. Eine Einführung in Arbeitstechniken. Stuttgart, Berlin, Köln, Mainz 1976 (Kohlhammer).

Kliemann, H.: Anleitungen zum wissenschaftlichen Arbeiten. Eine Einführung in die Praxis. Praktische Ratschläge und erprobte Hilfsmittel. Freiburg ^{7}1970 (Rombach).

Kröber, W.: Kunst und Technik der geistigen Arbeit. Heidelberg ^{6}1969 (Quelle & Meyer).

Kugemann, W.F.: Kopfarbeit mit Köpfchen. Moderne Lerntechnik. München ^{12}1977 (Pfeiffer).

Kunze, H.: Wissenschaftliches Arbeiten. Eine Einführung. Berlin ^{2}1959 (Akad. Verlag).

Naef, R.: Rationeller Lernen lernen. Ratschläge und Übungen für alle Wißbegierigen. Weinheim ^{8}1976 (Beltz).

Peterson, M.S.: Scientific Thinking and Scientific Writing. New York (Reinhold); London 1961 (Chapman & Hall).

Raaheim, K./Wańkowski, J.: Helping Students to learn at University. Bergen-Norway 1981 (Sigma Forlag).

Redenbacher, F. (Hrsg.); Regeln für den Schlagwortkatalog. Eine Gemeinschaftsarbeit aus der Universitätsbibliothek Erlangen. Erlangen [2]1958 (Schriften der Univ.bibl. Erlangen. 1.).

Riechert, J.: Ökonomie des Studierens. Freiburg [11]1963 (Bergakademie).

Riechert, J./Schwarz, K.: Erfolgreich studieren – sich qualifizieren. Eine Anleitung. Leipzig [4]1973 (VEB).

Rückriem, G. u.a.: Die Technik wissenschaftlichen Arbeitens. Paderborn 1977 (Schöningh).

Seidenspinner, G.: Wissenschaftliches Arbeiten. Techniken, Methoden und Hilfsmittel. Aichach [7]1976 (Mayer & Söhne).

Seiffert, H.: Einführung in das wissenschaftliche Arbeiten. Bibliographie – Dokumentation – Manuskript. M. e. Abschnitt Datenverarbeitung v. Benno Bachmair. Lehrbuch für Studenten aller Fachrichtungen ab 1. Semester. Braunschweig [2]1976 (Vieweg).

Spandl, O.P.: Die Organisation der wissenschaftlichen Arbeit. Reinbek 1974 (Rowohlt).

Spandl, O.P.: Die Zulassungsarbeit. Aufbau, Form und wissenschaftlicher Grundlegung. Studienhilfen für Universitäten und Hochschulen, Band 1. Geretsried 1971 (Schuster).

Spandl, O.P.: Die schriftliche wissenschaftliche Arbeit. Geretsried [5]1971 (Schuster).

Standop, E.: Die Form der wissenschaftlichen Arbeit. Heidelberg [6]1975 (UTB Quelle & Meyer).

Zelewitz, K.: Einführung in das literaturwissenschaftliche Arbeiten. Stuttgart, Berlin, Köln, Mainz 1974 (Kohlhammer).

Zimmermann, J.: Die Diplom-Arbeit. Ein Wegweiser zur Anfertigung wissenschaftlicher Arbeiten von der Übungsarbeit bis zur Diplomarbeit und Diss. Wiesbaden 1966 (Gabler).

3. Techniken des Lesens

Naef, R.D.: Rationeller Lernen lernen. Weinheim, Berlin, Basel [2]1972 (Beltz), bes. S. 22-40.

Ott, E.: Optimales Lesen. Ein 25-Tage-Programm. Stuttgart 1970 (Deutsche Verlagsanstalt), Reinbek 1972 (Rowohlt).

Priesemann, G.: Über Kümmernisse beim Lernen durch Lesen. In: Bildung und Erziehung 20 (1972), S. 59-66.

Werneck, T./Ullmann, F.: Dynamisches Lesen. München 1982 (Heyne).

Zielke, W.: Schneller lesen, besser lesen. München [6]1970 (Moderne Industrie).

Zielke, W.: Schneller lesen, selbst trainiert. Ein Drillbuch m. Übungsstoff f.d. Erwerb rationeller Lesetechniken. München [5]1970 (Moderne Industrie).

4. Psychologie der Prüfung

Andreae, C.: Zur Psychologie der Examina. In: Z.f.päd. Psychol. 1 (1899), S. 113-126.

Bahrdt, H.P. u.a.: Die wissenschaftliche Arbeit in Gruppen. In: KZfSS 12 (1960), S. 1-40.

Buchholz, B.: Die akademische Prüfung als institutionelles und persönliches Problem. Untersuchungen zur Examensneurose. In: Sperling, E./Jahnke, J. (Hrsg.): Zwischen Apathie und Protest. Bd. 2: Empirische Untersuchungen zur psycho-sozialen Situation der Studenten. Bern, Stuttgart, Wien 1974 (Huber), S. 5-76.

Clemens-Lodde, B./Sader, M.: Motivation, Zufriedenheit und Lernerfolg in kleinen Gruppen. Hamburg 1972 (Blickpunkt Hochschuldidaktik H. 22), S. 31-57.

Däumling, A.M.: Psychologische Probleme des Hochschulexamens. In: Jb. f. Psychol., Psychotherap. u. medizin. Anthropol. 16 (1968), S. 104-115.

Eckstein, B./ Bornemann, E.: Arbeit mit kleinen Studentengruppen. Hamburg 1969 (Blickpunkt Hochschuldidaktik H. 4).

Elbing, E./Ellgring, J.H.: Verminderung der Prüfungsangst durch Modellernen im Klassenzimmer. In: Psychol. in Erziehung und Unterricht 1 (1977), S. 1-9.

Esser, J.: Angst in Schule und Hochschule. Braunschweig 1978 (Westermann).

Florin, I./Rosenstiel, L. von: Leistungsstörung und Prüfungsangst. Ursachen und Behandlung. München 1976 (Goldmann).

Kleber, M.: Gesprächsführung. Opladen [12]1977 (Leske und Budrich).

Kohrs, A.: Bibliographie zur Angst unter besonderer Berücksichtigung der Prüfungsangst. Kiel 1976 (Schindele).

Krone, H.W. (Hrsg.): Angst bei Schülern und Studenten. Entstehungsbedingungen, Konsequenzen, präventive und therapeutische Maßnahmen. Hamburg 1977 (Hoffmann und Campe).

Meyer, E. (Hrsg.): Die Gruppe im Lehr- und Lernprozeß. Frankfurt 1970 (Akademische Verlagsgesellschaft).

Moeller, M.L.: Die Prüfung als Kernmodell psychosozialer Konflikte. In: KZfSS 21 (1969), S. 355-361.

Moeller, M.L.: Zur Psychoanalyse der Prüfungsangst (II). Aspekte der Prüfungsangst. In: b:e 2 (1969), S. 16-20.

Prahl, H.-W.: Prüfungsangst. Symptome, Formen, Ursachen. Frankfurt 1979 (Fischer).

Sperling, E./Jahnke, J.: Zwischen Apathie und Protest. Bd. 2 Empirische Untersuchungen zur psycho-sozialen Situation der Studenten. Bern, Stuttgart, Wien 1974 (Huber).

5. Soziologie der Prüfung

Daxner, M.: Prüfungsordnungen und Prüfungen als Instrumente berufs- und gesellschaftsbezogener Einflußnahme auf die Hochschulen. In: Teichler, U. (Hrsg.): Hochschule und Beruf. Problemlage und Aufgabe der Forschung. Frankfurt, New York 1979 (Campus), S. 176-190.

Eckstein, B.: Hochschulprüfungen: Rückmeldung oder Repression? Hamburg 1971 (Arbeitskreis für Hochschuldidaktik).

Kvale, S.: Prüfung und Herrschaft. Hochschulprüfung zwischen Ritual und Rationalisierung. Weinheim, Basel 1972 (Beltz).

Prahl, H.-W.: Hochschulprüfungen – Sinn oder Unsinn? Sozialgeschichte und Ideologiekritik der akademischen Initiationskultur. München 1976 (Kösel).

Wagner, W.: Uni-Angst und Uni-Bluff. Wie studieren und sich nicht verlieren. Berlin (Rotbuch) ^{7}1980.

6. Pädagogik der Prüfung

Bormann, M./Regenthal, G.: Bewertung mündlicher Prüfungen. In: Z.f. Schul- und Unterrichtsorganisation 5 (1981), S. 23-26.

Flechsig, K.-H.: Prüfungen und Evaluation. Hamburg 1974 (Interdisziplinäres Zentrum für Hochschuldidaktik der Universität Hamburg. Hochschuldidaktische Stichworte 9).

Flechsig, K.-H.: Prüfungen als Erkenntnisgegenstand und Handlungsbereich der Didaktik. In: Die Deutsche Schule 69 (1977), S. 630-641.

Krope, P./Kohrs, A.: Prüfungsangst und kooperative Gruppenprüfung. Kiel 1978 (Schindele).

Loch, W.: Historische Vorbetrachtungen zu einer Pädagogik der Prüfung. In: Bildung und Erziehung 16 (1963), S. 180-193.

Prahl, H.-W. (Hrsg.): Prüfungssysteme und Prüfungsformen an den Hochschulen in der BRD (einschl. Berlin-West). Bd. II: Gutachten. Hamburg 1980 (Arbeitsgemeinschaft für Hochschuldidaktik).

Salzmann, Chr.: Studien zu einer Theorie des Prüfens und Erprobens im Raum der Erziehung. Ratingen 1967 (Henn).